第２版刊行にあたって

本書は、「令和元年補正・令和２年補正ものづくり補助金」（令和３年度実施）の公募要領等に基づいて最新の内容に改訂したものである。

具体的には、令和２年度途中から新たに制定された「グローバル展開型」「一般型（低感染リスク型ビジネス枠）」についても加筆した。特に補助率でメリットのある低感染リスク型ビジネス枠での申請については、考えられる要素の例なども含め解説している。

また、令和２年度中の公募要領改定では、審査項目のうち政策面評価の記載内容が変更されており、改定内容に合わせて修正した。公募ごとの採択率推移なども最新のデータを加えて更新した。

公募スケジュールについてなど、その他の部分も含め、全体として、本文・図表、約50か所の加筆・修正を加えた改訂版となっている。

ものづくり補助金は実質的に平成24年度補正予算事業から開始されて以来、国の代表的な中小企業向け補助金として定着したといえる。

この間、制度の基本的な目的や趣旨に変更はなく、今後も基本的考え方、採択へ向けた事業計画書作成ポイントなどは変わらないと考えられる。

とはいえ、これまで、例えば令和２年度には新型コロナウイルス感染症対策への対応など、その時点の経済・社会環境および中小企業政策を反映して、制度詳細はその都度改定されてきた。このような改定は、今後も外部環境変化に応じて随時実施されると予想される。

したがって、中小企業者、その支援者の皆さんは、本書を活用していただくとともに、常に新しい情報、最新の公募要領に基づいて申請に取り組んでいただければ幸いである。

2021年５月　　　　大西俊太

はじめに

ものづくり補助金は、毎年全国で約１万件が採択され、国の代表的な中小企業向け補助金の１つとして定着している。また、令和２年度実施分からの制度変更で、実質的に通年公募になるなど使い勝手も大変良くなった。

とはいえ、原則として返済不要の公的資金のため、制度内容や各種手続きには詳細にわたる多くの規定がある。ものづくり補助金の公募要領や電子申請マニュアルは一通り目を通すだけでも大変だ。

そのため、はじめて応募しようとする中小企業のみなさんにとっては、全てを理解したうえで、競争率2～3倍から採択される事業計画書の作成することをはじめ、採択後の手続きも煩雑なので全て難関といえる。

本書は、ものづくり補助金の制度内容紹介から、採択されるための事業計画書作成のコツ、そして、採択から交付後までを含めた留意点について、ポイントをわかりやすくまとめたものである。

応募申請にチャレンジしようとする中小企業者自身はもちろん、税理士、中小企業診断士や金融機関などの支援者にも役立つよう実践的内容とすることを心掛けた。

具体的には、本書では応募申請だけでなく、申請準備段階から採択後の事業化段階も含めて、流れに沿って全体をカバーしている。このうち、特に第３章「採択に向けた申請書類の作成」では、採択されるために最も重要な事業計画書作成のコツを中心に具体的に記載した。

また、第５章「補助金申請支援の留意点」として、税理士や金融機関など支援者の立場でものづくり補助金活用へ取り組むためのノウハウも詳しく解説し、さらに、第６章「事業計画書の記載事例」では、実際に過去にものづくり補助金に採択された事業計画書３件を実例として記載している点も特色である。

なお、本書は執筆時最新の公募要領に基づいているがものづくり補助金は、今後も制度改定が随時行われることが予想されるので、実際の応募にあたっては、最新の公募要領等を確認のうえで行っていただきたい。

本書が、ものづくり補助金にチャレンジする１人でも多くの中小企業者とその支援者の皆さんに役立つことを願っている。

最後に、本書執筆の機会をいただき、編集・校正においても大変丁寧にご対応をいただいた税務経理協会の野田ひとみさんに、ここに記して心より感謝申し上げたい。

2020年8月　　　　大西俊太

目次

第3章　採択に向けた申請書類の作成

第４章　採択発表以後の留意点

第５章　補助金申請支援の留意点

第6章　事業計画書の記載事例

第1章
ものづくり補助金の概要

Ⅰ　補助金に関する共通事項

1　補助金の目的と特色

(1)　補助金の目的

　補助金についての法律上明確な定義はないが、補助金は国、地方自治体などが政策に沿った事業者の特定の事業活動を支援するために、必要な資金の一部を支給する制度である。国の中小企業向けの事業系の補助金としては、

【中小企業向け補助金の概要（例）】

補助金名	実施主体	目　的	補助率・ 上限金額
ものづくり・商業・サービス生産性向上促進補助金 （通称：ものづくり補助金）	経済産業省 （中小企業庁）	生産性向上に資する革新的サービス開発・試作品開発・生産プロセスの改善を行うための設備投資等の一部を支援	2分の1（3分の2） 1,000万円、 3,000万円
戦略的基盤技術高度化支援事業 （通称：サポイン事業）	経済産業省 （各経済産業局）	ものづくり高度化法に基づく情報処理、精密加工、立体造形等の12技術分野の向上につながる研究開発、その試作等の取組みを支援	3分の2 9,750万円
小規模事業者持続化補助金 （通称：持続化補助金）	経済産業省 （中小企業庁）	小規模事業者等の販路開拓等の取り組みや、あわせて行う業務効率化（生産性向上）の取組みを支援するため、経費の一部を補助	3分の2 50万円（100万円）
創業助成金	東京都 （東京都中小企業振興公社）	東京都における創業のモデルケースの発掘や、事例の発信等により、創業に挑戦する機運を醸成していくこと	3分の2 300万円
新製品・新技術開発助成事業	東京都 （東京都中小企業振興公社）	実用化の見込みのある新製品・新技術の自社開発を行う都内中小企業者等に対し、試作開発における経費の一部を助成	2分の1 1,500万円

（出所：各補助金、助成金の公募要領等より作成）

経済産業省（中小企業庁）等が所管する補助金がある。

代表的な国の事業系補助金としては、「ものづくり・商業・サービス生産性向上促進補助金（以下「ものづくり補助金」という）」、「小規模事業者持続化補助金（以下、「持続化補助金という）」などがある。

(2) 補助金と助成金の違い

補助金と同様に事業者が支給を受けられる公的資金として助成金がある。名称は異なるが、実質的には補助金と同じと考えて良い。

一般的に、経済産業省などが所管する事業系のものが補助金、厚生労働省（ハローワーク）所管の雇用系のものが助成金という名称となっている。個別の制度ごとに詳細は異なるが、それぞれのおおまかな特色は下表の通りとなる。

都道府県など地方自治体の制度は補助金と呼ぶ場合が多いが、東京都のように助成金の名称を用いる例外もある。

【補助金と助成金の違い】

	補助金（事業系）	助成金（雇用系）
実施主体	経済産業省（中小企業庁）など	厚生労働省（ハローワーク）など
補助対象事業	新技術、新製品開発のための設備投資等	正規雇用への転換、高齢者雇用、従業員教育、新規雇用等
対象／要件	中小企業者（法人、個人）	雇用保険の加入事業者
補助上限金額	数十万～1億円	数十万円/1件が中心
補助率	2分の1～3分の2	（補助率の概念はない）
対象経費	特定の使途のみ	原則特定されない
審査	形式要件と事業計画内容の評価	形式要件充足の確認
採択率	数%～数十%	要件充足でほぼ100%

2　補助金活用のメリットと課題

(1)　補助金活用のメリット

補助金の活用によって、返さなくて良い事業資金が受け取れるだけでなく、副次的なものも含めて以下のような多くのメリットがある。補助金は申請しても確実にもらえる保証はないものの、申請の過程での計画具体化も含め、チャレンジする価値が十分あり、中小企業にとってぜひ活用したい制度といえる。

【補助金活用のメリットと課題】

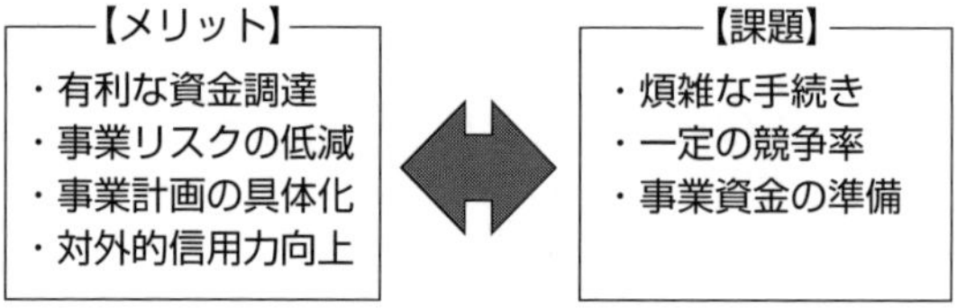

①　有利な資金調達

事業資金の調達には、借入金や資本調達（増資など）をはじめとしていくつかの方法がある。補助金は、広い意味でそのような資金調達手段の１つといえる。

ただし、補助金は後払いという点で他の資金調達とは異なる。とはいえ、原則として返済不要で利息などの費用負担もない点で最も有利な資金調達手段である。

②　事業リスクの低減

新規事業は計画通りに売上や利益があがらないことも十分あり得る。そのための設備投資にはまとまった資金もかかるため、リスクがつきものである。

たとえ事業がうまく行かない場合でも、 借入金の返済は予定通りしなくてはならない。その点、原則として返済不要の補助金が活用できれば、その分リスクを減らすことができる。

③ 事業計画の具体化・実現性向上

補助金をもらうためには形式要件や事業計画に対する厳格な審査を通過して、補助金にふさわしい事業者として選ばれる必要がある。そのため、詳細な事業計画書をはじめとした申請書類の作成が必要になる。

補助金申請に不可欠な事業計画書を作成する過程で、事業の独自性や顧客ターゲットを明確にすることが必要である。売上高や利益、必要資金の計画も具体的に立案することが求められるため、補助金申請を通じて必然的に事業計画がブラッシュアップされる。その結果、事業計画が具体化し、実現性も高まるということができる。

④ 対外的信用力向上

補助金の交付対象に選ばれると、一般的に事業者名、事業名称等が公表され、採択者一覧表がWEBサイト上で誰でも見られるようになる。

また、事業者自身が自社のホームページなどで、「○○年度○○補助金に採択されました」などと自ら公開することも可能だ。

事業系の補助金に採択されることは、一定の競争率の中から厳しい審査を通った結果なので、いわば公的なお墨付きをもらったようなものである。したがって、対外的信用面でもプラスになり、営業上や人材採用上のPR要素にもなる。

(2) 補助金活用上の課題

補助金に選ばれると、以上のように大きなメリットがある。しかし一方で、補助金獲得はそう簡単なことではなく、形式要件のみならず、事業計画の内容について厳格な審査を通じて選ばれる必要がある。中小企業者にとって具体的には以下の点が課題として挙げられる。

① 複雑な要件と申請書類の作成

補助金は税金をもとにした公共の予算から支出される。原則として返さなくて良い公の資金を受領できるため、それにふさわしい事業者として選ばれる必要がある。

そのため、対象要件や事業計画の内容について厳格な審査が行われる。応募のために必要となる申請書類も多く、特に事業計画書の作成には労力がかかる。採択後も、実際に補助金を受け取るまでには多くの書類提出が必要となる。

② 一定の競争率からの採択

事業系の補助金については、対象要件を満たしている中から事業計画の審査を経て、その一部が選ばれる。具体的には、事業の革新性や実現性など様々な角度から複数の審査員が評価して決定するしくみである。

実際の採択率（応募した中から選ばれる比率）は、例えば、ものづくり補助金では40％前後と、申請してももらえないことも十分ありうる。したがって、同時に応募する事業者と一定の競争があることが補助金獲得の前提となる。

③ 事業資金100％の支払い準備

また、補助金は精算払い（後払い）が原則である。補助金に選ばれてもすぐに資金が支給される訳ではない。

まず、設備投資を行うなどの事業を進めるにあたっては、あらかじめ自ら用意した事業資金で支払うことが必要になる。まず、補助金採択から交付決定の手続きを経て、事業計画通りに支出を行う。そして、最終的にまとめて交付請求して初めて交付を受けられる。

このように補助金は事業資金の一部に対して後払いが原則なので、まずは自己資金で支出することになる。足りない場合はつなぎ資金借入などによって支払い資金の確保が必要である。

3　補助金のしくみと留意点

(1)　対象要件と対象経費

補助金を受けるには、対象事業者自体と補助金の対象となる事業（事業者が支出を行う活動）にも詳細な要件がある。要件は補助金ごとに詳細が異なるので、応募の検討段階でそれぞれの公募要領でよく確認しておくことが重要である。

① 対象事業者としての要件

多くの補助金は、中小企業基本法で定める中小企業基準に該当することが前提になっている。また、補助金の予算は税金をもとにしているので、税金滞納者は当然ながら対象外である。

対象業種としては、独自の設備投資負担の大きい製造業に対する補助金が多いといえるが、ものづくり補助金のように商業・サービス業なども対象になるものもある。公序良俗に反する事業者や風俗営業などは当然対象外となるが、それ以外は原則として業種にかかわらず対象と考えて良い。

一般的な法人である会社以外の組織では、対象となる場合とならない場合がある。例えば、非営利組織であるNPO法人（特定非営利活動法人）は中小企業者の定義に入らないが、条件付きで対象となる場合もある。

また、法人ではなく、個人事業者でも中小企業者に含まれるので原則として補助対象となる。組織形態として、会社ではなく組合も対象である場合が多い。それぞれの補助金ごとに異なるので詳細の確認が必要である。

【中小企業の定義（中小企業基本法）】

業　種	中小企業者（下記のいずれかを満たすこと）		小規模企業者
	資本金の額又は出資の総額	常時使用する従業員の数	常時使用する従業員の数
①製造業、建設業、運輸業 その他の業種（②～④を除く）	3億円以下	300人以下	20人以下
②卸売業	1億円以下	100人以下	5人以下
③サービス業	5,000万円以下	100人以下	5人以下
④小売業	5,000万円以下	50人以下	5人以下

（出所：中小企業庁ホームページ「FAQ「中小企業の定義について」」）

② 対象事業の要件

補助金の対象となる「事業」は、補助金ごとに異なる。例えば、製造業向けの補助金では試作開発やそのための設備投資などが中心である。

製造業以外も含む補助金では、例えば、小規模事業者持続化補助金では、「持続的な経営に向けた経営計画に基づく、小規模事業者等の地道な販路開拓等の取組みや、あわせて行う業務効率化（生産性向上）の取組み」が対象事業となっている。

補助金の公募要領で使われる「事業」は一般的な用語とは異なり、経営活動のうちの新規事業のための設備投資の実施など限定された事業遂行上の活動を示す。したがって、補助対象事業の内容はそれぞれの補助金ごとに定められた範囲に限られる点に注意が必要である。

また、リスクのある新しい取組みへのチャレンジを支援するという補助金の趣旨からして、既存事業を従来通り継続するために必要な通常の運転資金や設備資金などの支出は原則として補助金の対象外である。

【補助金の対象要件と対象経費】

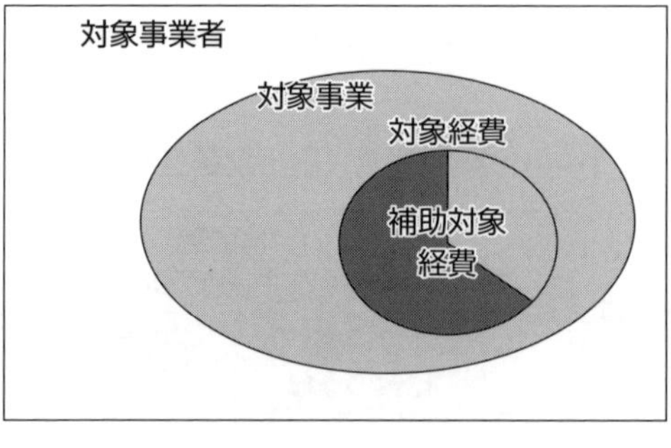

③ 補助対象経費

補助対象事業にかかる費用のすべてが補助金の対象ではない。対象事業にかかる費用のうち、定められた特定の費目の費用だけが補助対象経費となる。

対象経費は補助金ごとに異なる。例えば、ものづくり補助金の場合、「一般型」の対象経費は機械装置・システム構築費、技術導入費、専門家経費などの８種類に限られる。また、それぞれの費目の定義も厳格に決められており、一般的な会計用語での意味とは一致しない場合も多いので注意が必要である。

【対象経費の例】

補助金名	対象経費
ものづくり・商業・サービス生産性向上促進補助金（一般型）	機械装置・システム構築費、技術導入費、専門家経費、運搬費、クラウドサービス利用費、原材料費、外注費、知的財産権等関連費
小規模事業者持続化補助金	機械装置等費、広報費、展示会等出展費、開発費、資料購入費、雑役務費、借料、専門家謝金、設備処分費、委託費、外注費、感染防止対策費
戦略的基盤技術高度化支援事業	設備備品費、消耗品費、人件費、謝金、旅費、外注費、印刷製本費、会議費、運搬費、その他（諸経費）、委託費、間接経費
創業助成金（東京都）	従業員人件費、賃借料、専門家指導費、産業財産権出願・導入費、広告費、器具・備品購入費

（出所：各補助金、助成金の公募要領等より作成）

⑵　補助率と上限金額

補助金には補助率と金額の上限がある。補助率とは補助対象となる費用全額に対して、そのうちいくらまでが補助されるかという割合をいう。ほとんどの補助金の補助率は２分の１から３分の２程度で、残りは事業者自らの負担となる。

金額上限は補助金の種類によってまちまちで、数十万円から1,000万円前後が一般的だが、中には数年間にわたり合計１億円近くという補助金もある。

⑶　公募期間と審査

事業系の補助金は毎年１回ないし数回の公募が行われる。公募期間は短い場合、１か月程度のケースもあり、この限られた期間の締切に間に合うように申請する必要がある。短期間で多くの申請書類を作成する必要があるのでかなりの労力がかかる。

また、形式要件の審査だけでなく、事業計画書の内容を評価する審査があり、この審査次第で採択、不採択が決定される。国の補助金は書類審査のみが原則だが、地方自治体の補助金などでは経営者への面接審査が行われる場合もある。

⑷ 補助金申請から支給までの流れ

補助金は、申請してめでたく選ばれたとしても、実際に支給を受けるまでに何段階かの手続きが必要になる。その間１年以上かかることも十分あるので、自己資金の準備は当然として、全体の流れを理解しておく必要がある。

【補助金の公募から支払いまでのスケジュール（例)】

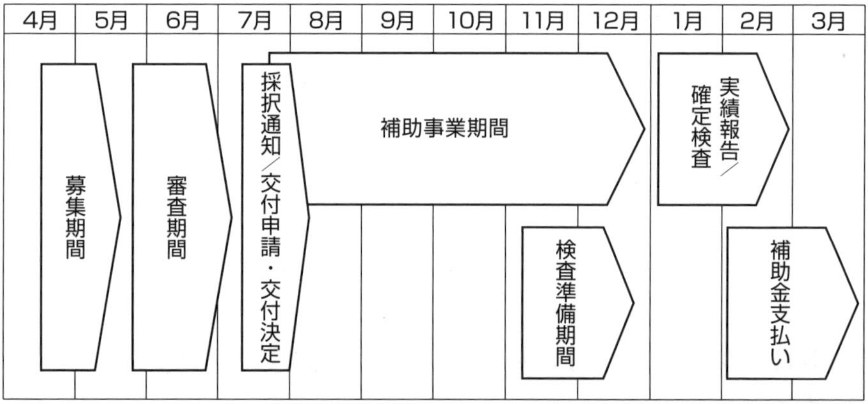

（出所：平成30年度地域創造起業補助金募集要項）

4　補助金に関連する制度・法令等

⑴ 補助金適正化法

補助金の運営にあたっては、「補助金等に係る予算の執行の適正化に関する法律（以下「補助金適正化法」という）」が適用される。補助金適正化法によって、国の補助金に共通する事項が定められている。

同法によれば、補助金を不正に受領したり、定められた目的以外に使用したりした場合は、補助金を返還しなくてはならない。それだけでなく、罰則として「5年以下の懲役もしくは100万円以下の罰金」が規定されている。

(2) 経営革新等支援機関

近年、中小企業を巡る経営課題が多様化・複雑化する中、中小企業支援を行う支援事業の担い手の多様化・活性化を図るため、平成24年8月30日に「中小企業経営力強化支援法」が施行された。その中で、中小企業に対して専門性の高い支援事業を行う経営革新等支援機関を認定する制度が創設されている。

認定制度は、税務、金融及び企業財務に関する専門的知識や支援に係る実務経験が一定レベル以上の個人、法人、中小企業支援機関等を、経営革新等支援機関（以下、「認定支援機関」という）として認定するものである。

具体的には、税理士、弁護士、中小企業診断士などの専門家の他、金融機関、商工会議所や商工会等の中小企業支援団体など、全国で35,537機関が認定されている（令和2年4月24日現在）。

補助金においても、これら認定支援機関の支援を申請の前提として制定されているものがある。

【認定支援機関の関与が必須の補助事業等】

補助事業等名 （根拠法）	制度概要
先端設備等導入計画 （生産性向上特別措置法）	事業者が認定支援機関の確認を受けて市区町村に先端設備等導入計画の認定を申請し、認定を受けた場合には、当該計画に基づいて投資した設備について、固定資産税を 3 年間軽減（軽減率は 0 から 2 分の 1 の範囲内で市区町村が決定）。
法人版事業承継税制 （経営承継円滑化法）	非上場の株式等を先代経営者から後継者が相続又は贈与により取得した場合において、経営承継円滑化法に係る都道府県知事の認定を受けたときは、相続税・贈与税の納税を猶予及び免除。
個人版事業承継税制 （経営承継円滑化法）	個人事業者が先代（個人事業者）から事業用資産を相続又は贈与により取得した場合において、経営承継円滑化法に係る都道府県知事の認定を受けたときは、相続税・贈与税の納税を猶予及び免除。
事業承継補助金	事業承継・世代交代を契機として、経営革新や事業転換に取り組む中小企業に対し、認定支援機関の助力を得て行う設備投資・販路拡大・既存事業の廃業等に必要な経費を支援。
経営改善計画策定支援事業	借入金の返済負担等の財務上の問題を抱え、金融支援を含む本格的な経営改善を必要とする中小企業に対して、認定支援機関の助力を得て行う経営改善計画の策定を支援（405 事業）。また、本格的な経営改善が必要となる前の早期の段階からの資金繰り管理等の簡易な経営改善計画の策定も支援（プレ 405 事業）。
中小企業経営力強化資金融資事業	創業又は経営多角化・事業転換等による新たな事業活動への挑戦を行う中小企業であって、認定支援機関の支援を受ける事業者を対象に日本政策金融公庫が融資。
経営力強化保証制度	中小企業が認定支援機関の助力を得て経営改善に取り組む場合に信用保証料を軽減。

（出所：中小企業庁「国の補助事業における認定支援機関の役割について」より作成）

⑶ 法律認定制度

個別の法律の趣旨に沿って中小企業者が取り組む新事業の計画に対して、

経済産業大臣や都道府県知事が、基準を満たすものとして認定する制度を、通称「法律認定」(又は「法認定」) と呼んでいる。

あらかじめ法律認定を受けた計画の実行にあたって、各種優遇策で支援するしくみが提供される。具体的には、補助金、特例融資、信用保証などに関する下記のような優遇策や支援策が受けられる。

① 補助金での優遇(認定取得者専用の補助金、補助金審査上加点など)
② 特例融資の対象(日本政策金融公庫など政府系金融機関の特例融資対象)
③ 信用保証の特例(信用保証協会の保証枠に別枠加算、合計限度額拡大)
④ 減免措置(特許料などの一部減免)
⑤ 投資の特例(投資育成会社からの出資の特例)

法律認定取得にあたっては、まず、自社の業種や新たに行う事業の種類や補助金申請にあたっての加点など認定取得の目的にしたがって、それにマッチした法律認定を選択することがポイントだ。

認定にあたっての審査は、中小企業が個々の法律の趣旨に沿い、新たに立てた事業計画の内容に対して行われる。したがって、各法律の趣旨に沿って新規に行う事業であり、かつ具体的で実現可能な事業計画書を作成することがポイントである。

法律認定計画は、中小企業振興策を推進するためのそれぞれの法律において定められている。代表的な法律認定計画として以下のようなものがある。

【主な法律認定計画の例】

法律名（略称）	法律認定計画の名称	申請認可機関
中小企業等経営強化法	経営力向上計画	国（事業分野別の主務大臣）
	経営革新計画	都道府県
	異分野連携新事業分野開拓計画（新連携事業計画）	経済産業省（経済産業局）
中小ものづくり高度化法	研究開発等計画	経済産業省（経済産業局）
下請中小企業振興法	特定下請連携事業計画	経済産業省（経済産業局）
中小企業地域資源活用促進法	地域産業資源活用事業計画	都道府県 経済産業省（経済産業局）
農商工等連携促進法	農商工等連携事業計画	経済産業省（経済産業局）
生産性向上特別措置法	先端設備等導入計画	市区町村

Ⅱ ものづくり補助金の概要

本書では過去の事例をもとに紹介しているが、詳細は毎年度変更されるので、実際に申請する際の公募要領を確認のうえ、行うことが必要である。

1 ものづくり補助金のしくみ

(1) 目的と特色

ものづくり補助金（本書刊行時の正式名称:「令和元年補正・令和2年度補正ものづくり・商業・サービス生産性向上促進補助金」）は、これまでの実積として毎年度約1,000億円の予算措置をもとに、全国で約1万件が採択される国の代表的な補助金である。

本補助金の目的として、「中小企業者等が行う「革新的サービス開発・試作品開発・生産プロセスの改善のための設備投資等の支援」と掲げられている。

当初、対象は製造業に限られたが、現在は商業、サービス業も対象となっている。その後、補助金の名称、対象事業者や対象類型なども部分的に改定されながら、毎年度継続されている。平成30年度補正予算での公募では1次、2次合計で9,863件が採択された。

機械装置費を中心とした設備投資の支援が主目的のため、製造業向きではあるが、商業、サービス業も対象である。ソフトウェアの購入、制作等も機械装置費に含まれ、設備投資の対象になるので、例えばIT系の流通・サービス業などでも十分対象になりうる。

(2) 補助対象者・対象事業

具体的な補助対象者、補助対象事業、事業類型、補助上限額、補助率などについて、本書での記述は令和元年度補正予算における公募要領に基づいている。実際に応募申請する際には、その時点の公募要領の確認が必要である。

① 補助対象者

ものづくり補助金の補助対象者は、「日本国内に本社及び補助事業の実施場所を有する中小企業者（組合関連は該当要件あり）」が中心である。

大企業の子会社などの「みなし大企業等(注1)」を除く一般の中小企業は、業種を問わず、会社および個人とも幅広く対象となる。定められた種類や規模に該当する組合関連も対象となる。

特定非営利活動法人(注2)では「広く中小企業一般の振興・発展に直結し得る活動を行う特定非営利活動法人であること」や「従業員数300人以下」などの要件を満たせば対象である。いずれも公募要領で詳細を確認したい。

以上に該当しない組合、財団法人、社団法人、医療法人、社会福祉法人、任意団体は対象外である。

また、申請締切日前10か月以内に交付決定を受けた事業者は応募対象外となっている。

【中小企業者の要件（組合関連以外）】（資本金又は従業員数が下表以下）

業種	資本金	従業員数（常勤）
製造業、建設業、運輸業	3 億円	300 人
卸売業	1 億円	100 人
サービス業 （ソフトウェア業、情報処理サービス業、旅館業を除く）	5,000 万円	100 人
小売業	5,000 万円	50 人
ゴム製品製造業 （自動車又は航空機用タイヤ及びチューブ製造業並びに工業用ベルト製造業を除く）	3 億円	900 人
ソフトウェア業又は情報処理サービス業	3 億円	300 人
旅館業	5,000 万円	200 人
その他の業種（上記以外）	3 億円	300 人

（出所：「令和元年度補正・令和２年度補正ものづくり・商業・サービス生産性向上促進補助金」公募要領（6 次締切分））

（注 1）【みなし大企業等】

① 発行済株式の総数又は出資価格の総額の 2 分の 1 以上を同一の大企業が所有している中小企業者

② 発行済株式の総数又は出資価格の総額の 3 分の 2 以上を大企業が所有している中小企業者

③ 大企業の役員又は職員を兼ねている者が役員総数の 2 分の 1 以上を占めている中小企業者

④ 発行済株式の総数又は出資価格の総額を①～③に該当する中小企業者が所有している中小企業者

⑤ ①～③に該当する中小企業者の役員又は職員を兼ねている者が役員総数の全てを占めている中小企業者

⑥ 公募開始時点において、確定している（申告済みの）直近過去 3 年分の各年又は各事業年度の課税所得の年平均額が 15 億円を超える中小企業者、小規模事業者

（出所：「令和元年度補正・令和 2 年度補正ものづくり・商業・サービス生産性向上促進補助金」公募要領（6 次締切分））

（注 2）【特定非営利活動法人における要件】

① 広く中小企業一般の振興・発展に直結し得る活動を行う特定非営利活動法人であること

② 従業員数が 300 人以下であること

③ 法人税法上の収益事業（法人税法施行令第 5 条に規定される 34 業種）を行う特定非営利活動法人であること

④ 認定特定非営利活動法人ではないこと

⑤ 交付決定時までに補助金の事業に係る経営力向上計画の認定を受けていること

（出所：「令和元年度補正・令和 2 年度補正ものづくり・商業・サービス生産性向上促進補助金」公募要領（6 次締切分））

② 補助対象事業の類型および補助率等

ものづくり補助金は、中小企業者等が行う「革新的な製品・サービス開発」又は「生産プロセス・サービス提供方法の改善」に必要な設備・システム投資等を支援するものである。

具体的に、国内事業対象の「一般型」（補助金額100万円〜1,000万円）、海外事業の拡大・強化等を目的とした「グローバル展開型」（同1,000万円〜3,000万円）の2類型が定められており、それぞれ対象事業の要件、補助金額、対象経費の一部が異なる。

補助率については原則2分の1だが、従業員数の少ない小規模企業者・小規模事業者に該当する場合は3分の2となる。

このうち「一般型」では「通常枠」の他に、新型コロナウイルス感染症対応の「低感染リスク型ビジネス枠」が令和元年度補正・令和2年度補正6次締切分より「新特別枠」として制定された。補助率と対象経費の追加で優遇されている。

公募が行われる類型や各類型の内容については公募ごとに変更される場合があるので、詳細を最新の公募要領で確認することが不可欠である。

これら2類型とは別に、中小企業30者以上のビジネスモデル構築・事業計画策定を支援する法人向けの「ビジネスモデル構築型」があるが、こちらは一般の中小企業者ではなく、大企業も含めた支援者向けの補助金である。

【一般型】

項　目	要　件
概要	中小企業者等が行う「革新的な製品・サービス開発」又は「生産プロセス・サービス提供方法の改善」に必要な設備・システム投資等を支援
補助金額	100万円〜1,000万円
補助率	［通常枠］　中小企業者：2分の1、小規模企業者・小規模事業者(注)：3分の2 ［低感染リスク型ビジネス枠］：3分の2
設備投資	単価50万円（税抜き）以上の設備投資が必要
補助対象経費	［通常枠］　機械装置・システム構築費、技術導入費、専門家経費、運搬費、クラウドサービス利用費、原材料費、外注費、知的財産権等関連経費 ［低感染リスク型ビジネス枠］上記に加えて、広告宣伝費・販売促進費

（注）常勤従業員数が、製造業その他業種・宿泊業・娯楽業では20人以下、卸売業・小売業・サービス業では5人以下の会社又は個人事業主

（出所：「令和元年度補正・令和2年度補正ものづくり・商業・サービス生産性向上促進補助金」公募要領（6次締切分））

【グローバル展開型】

項　目	要　件
概要	中小企業者等が海外事業の拡大・強化等を目的とした「革新的な製品・サービス開発」又は「生産プロセス・サービス提供方法の改善」に必要な設備・システム投資等を支援（①海外直接投資、②海外市場開拓、③インバウンド市場開拓、④海外事業者との共同事業のいずれかに合致するもの）
補助金額	1,000万円～3,000万円
補助率	中小企業者：2分の1、小規模企業者・小規模事業者(注)：3分の2
設備投資	単価50万円（税抜き）以上の設備投資が必要
補助対象経費	機械装置・システム構築費、技術導入費、専門家経費、運搬費、クラウドサービス利用費、原材料費、外注費、知的財産権等関連経費、海外旅費

③ 補助対象事業の共通要件

補助事業の基本的内容以外に、各類型に共通して下記のような要件が定められており、事業計画はこれらに合致するように作成しなくてはならない。加えて、申請時点において従業員に対する計画の表明と実行が条件となっている。違反した際は補助金の一部返還が求められる場合があるので注意が必要である。

【補助対象事業の共通要件】

① 補助事業実施期間に、発注・納入・検収・支払等のすべての事業の手続きがこの期間内に完了する事業であること

② 以下の要件を全て満たす3～5年の事業計画を策定し、従業員に表明していること

- 事業計画期間において、給与支給総額を年率平均1.5％以上増加
- 事業計画期間において、事業場内最低賃金（事業場内で最も低い賃金）を地域別最低賃金＋30円以上の水準にする
- 事業計画期間において、事業者全体の付加価値額を年率平均3％以上増加させる

③ 応募申請時点で補助事業の実施場所（工場や店舗等）を有していること

（出所：「令和元年度補正・令和2年度補正ものづくり・商業・サービス生産性向上促進補助金」公募要領（6次締切分）より抜粋）

④ 補助対象外事業

「国の他の補助金等と重複する同一又は類似内容の事業」や「公序良俗に反する事業」をはじめ、該当する場合は不採択又は交付取消となる規定されている。このうち、他社や外注先へ丸投げするような事業も補助対象外であるが、ややもすると抵触しがちなので特に注意が必要である。

【特に注意を要する対象外事業の項目】

① 事業の主たる課題の解決そのものを他社へ外注又は委託する事業（グローバル展開型において、海外子会社等へ外注する場合を除く）
② 試作品等の製造・開発の全てを他社に委託し、企画だけを行う事業
③ 事業の実施にあたり、実質的に労働を伴わない事業
④ 「補助対象経費」の各区分等に設定されている上限を超える補助金を計上する事業

（出所：「令和元年度補正・令和２年度補正ものづくり・商業・サービス生産性向上促進補助金」公募要領（6次締切分）より抜粋）

⑶ 一般型（低感染リスク型ビジネス枠）の要件

令和元年度補正・令和２年度補正６次締切分より、新型コロナウイルス感染症拡大の影響による社会経済の変化に対応したビジネスモデルへの転換に向けた前向きな投資を行う事業者を優先的に支援する「低感染リスク型ビジネス枠」が、一般型の通常枠とは別に設けられている。

具体的には、対人接触を減じる革新的な製品・サービスの開発、生産プロセス・サービス提供方法の改善などを行う投資が補助対象である。

なお、低感染リスク型ビジネス枠での申請で不採択の場合でも通常枠で再審査され、採択される可能性がある。

通常枠と比較した優遇措置として、補助率３分の２への引上げ、対象経費への広告宣伝費・販売促進費の追加が認められている。

【低感染リスク型ビジネス枠の要件】

① **物理的な対人接触を減じることに資する革新的な製品・サービスの開発**
（例：AI・IoT 等の技術を活用した遠隔操作や自動制御等の機能を有する製品開発（部品開発を含む）、オンラインビジネスへの転換等）
② **物理的な対人接触を減じる製品・システムを導入した生産プロセス・サービス提供方法の改善**
（例：ロボットシステムの導入によるプロセス改善、複数の店舗や施設に遠隔でサービスを提供するオペレーションセンターの構築等）
③ **ウィズコロナ、ポストコロナに対応したビジネスモデルへの抜本的な転換に係る設備・システム投資**
（キャッシュレス端末や自動精算機、空調設備、検温機器など、ビジネスモデルの転換に対して大きな寄与が見込まれない機器の購入は、原則として、補助対象経費にならない）

（出所：「令和元年度補正・令和２年度補正ものづくり・商業・サービス生産性向上促進補助金」公募要領（6 次締切分））

⑷ グローバル展開型の要件

① グローバル展開型の特色

令和元年度補正予算・令和２年度補正予算での４次締切分から、一般型に加え、海外事業やインバウンド事業を対象とした「グローバル展開型」の公募が新たに開始されている。

「一般型」に比べ、補助金額が 1,000～3,000 万円と大型化され、補助事業実施期間も交付決定日から 12 か月以内（ただし、採択発表日から 14 か月後の日まで）と、一般型より２か月分延長されている。

ただし、応募時の事業計画や提出資料の面で必要条件が追加されており、採択率実績も令和元年補正・令和２年補正４次締切で 17.0%、５次締切で 28.8 %と、応募・採択へのハードルは一般型よりも高いといえる。

事前調査や資料整備なども含め、一般型以上に応募申請には十分時間をかけて準備する必要がある。

② グローバル展開型の４類型

グローバル展開型の要件として、①海外直接投資、②海外市場開拓、③インバウンド市場開拓、④海外事業者との共同事業の４つの類型のいずれか１つ以上に該当することが定められている。

各類型とも、応募申請時において、海外子会社等の資料、市場調査報告書、契約書など、具体的な根拠となる資料提出が求められている。

①類型：海外直接投資

- 国内事業と海外事業の双方を一体的に強化し、グローバルな製品・サービスの開発・提供体制を構築することで、国内拠点の生産性を高めるための事業であること。
- 具体的には、国内に所在する本社を補助事業者とし、補助対象経費の２分の１以上が海外支店の補助対象経費となること、又は海外子会社の事業活動に対する外注費若しくは貸与する機械装置・システム構築費に充てられること。
- 国内事業所においても、単価50万円（税抜き）以上の海外事業と一体的な機械装置等を取得（設備投資）すること。
- 応募申請時に、海外子会社等の事業概要・財務諸表・株主構成が分かる資料、実績報告時に、海外子会社等との委託（貸与）契約書とその事業完了報告書を追加提出すること。

②類型：海外市場開拓

- 国内に補助事業実施場所を有し、製品等の販売先の２分の１以上が海外顧客となり、計画期間中の補助事業の売上累計額が補助額を上回る事業計画を有していること。
- 応募申請時に、具体的な想定顧客が分かる海外市場調査報告書、実績報告時に、想定顧客による試作品等の性能評価報告書を追加提出すること。

③類型：インバウンド市場開拓

- 国内に補助事業実施場所を有し、サービス等の販売先の２分の１以上が訪日外国人となり、計画期間中の補助事業の売上累計額が補助額を上回る事業計画を有していること。
- 応募申請時に、具体的な想定顧客が分かるインバウンド市場調査報告書、実績報告時に、プロトタイプの仮説検証の報告書を追加提出すること。

④**類型：海外事業者との共同事業**

・国内に補助事業実施場所を有し、外国法人と行う共同研究・共同事業開発に伴う設備投資等であり、その成果物の権利（の一部）が補助事業者に帰属すること。

・応募申請時に、共同研究契約書又は業務提携契約書（検討中の案を含む）、実績報告時に、当該契約の進捗が分かる成果報告書を追加提出すること。

（出所：「令和元年度補正・令和2年度補正ものづくり・商業・サービス生産性向上促進補助金」公募要領（6次締切分））

(5) 補助対象経費

ものづくり補助金の補助対象となる経費は、対象事業のためだけに必要な設備投資と試作開発等に関するものに限られる。具体的には、一般型（通常枠）では、機械装置・システム構築費、技術導入費、専門家経費、運搬費、クラウドサービス利用費、原材料費、外注費、知的財産権等関連経費の8種類である。以上に加え、一般型（低感染リスク型ビジネス枠）では広告宣伝費・販売促進費、グローバル展開型では海外旅費が、対象とされている。

いずれも、補助事業専用の機械装置やシステムをはじめ、補助事業に直接的に必要な費用に限定されている。それぞれの費目ごとに具体的な定義が定められており、一般的な会計用語とは異なる点にも注意したい。

また、機会装置・システム構築費以外の経費は、総額で上限500万円（グローバル展開型では1,000万円、税抜き）までとなっている。

さらに、費目によっては、補助対象経費総額の3分の1までなどと費目ごとの上限があるものがあり、この点も見落とさないようにしたい。

ものづくり補助金のメリットを十分得るためには、補助対象経費の中で金額が大きくなりやすい機械装置・システム構築費をどれだけ組み込めるかが申請にあたってのポイントになる。

機械装置・システム構築費には、専用ソフトウェアや情報システムの購入・構築（外注による委託開発も含む）、借用に要する費用も含まれる。新たなシステム導入をもとに新サービスを提供する事業でも対象経費に算入が可能である。

【補助対象経費の概要】

対象経費の区分	内容
機械装置・システム構築費	①　専ら補助事業のために使用される機械・装置、工具・器具（測定工具・検査工具、電子計算機、デジタル複合機等）の購入、製作、借用に要する経費 ②　専ら補助事業のために使用される専用ソフトウェア・情報システムの購入・構築、借用に要する経費 ③　①もしくは②と一体で行う、改良・修繕又は据付けに要する経費
技術導入費(注1)	本事業遂行のために必要な知的財産権等の導入に要する経費
専門家経費(注2)	本事業遂行のために依頼した専門家に支払われる経費
運搬費	運搬料、宅配・郵送料等に要する経費
クラウドサービス利用費	クラウドサービスの利用に関する経費
原材料費	試作品の開発に必要な原材料および副資材の購入に要する経費
外注費(注3)	新製品・サービスの開発に必要な加工や設計（デザイン）・検査等の一部を外注（請負、委託等）する場合の経費
知的財産権等関連経費 (注4)	新製品・サービスの開発成果の事業化にあたり必要となる特許権等の知的財産権等の取得に要する弁理士の手続代行費用や外国特許出願のための翻訳料など知的財産権等取得に関連する経費
海外旅費(注5) （グローバル展開型のみ）	海外事業の拡大・強化等を目的とした、本事業に必要不可欠な海外渡航及び宿泊等に要する経費
広告宣伝・販売促進費(注6) （低感染リスク型ビジネス枠のみ）	本事業で開発する製品・サービスにかかる広告（パンフレット、動画、写真等）の作成及び媒体掲載、展示会出展（海外展示会を含む）、セミナー開催、市場調査、営業代行利用、マーケティングツール活用等にかかる経費

（注 1）上限額＝補助対象経費総額（税抜き）の 3 分の 1
（注 2）上限額＝補助対象経費総額（税抜き）の 2 分の 1
（注 3）上限額＝補助対象経費総額（税抜き）の 2 分の 1
（注 4）上限額＝補助対象経費総額（税抜き）の 3 分の 1
（注 5）上限額＝補助対象経費総額（税抜き）の 5 分の 1
（注 6）上限額＝補助対象経費総額（税抜き）の 3 分の 1
（出所：「令和元年度補正・令和 2 年度補正ものづくり・商業・サービス生産性向上促進補助金」公募要領（6 次締切分））

2　ものづくり補助金の公募実施状況

(1)　公募の時期とスケジュール

従来、ものづくり補助金の公募は、毎年２月の補正予算成立後に１次、その後7～8月頃に２次の年２回実施が通例だったが、令和２年３月に開始された令和元年度補正予算での公募から、実質的に通年での公募に変更された。

【年間公募・締切スケジュール（令和元年度補正・令和２年度補正予算事業の例）】

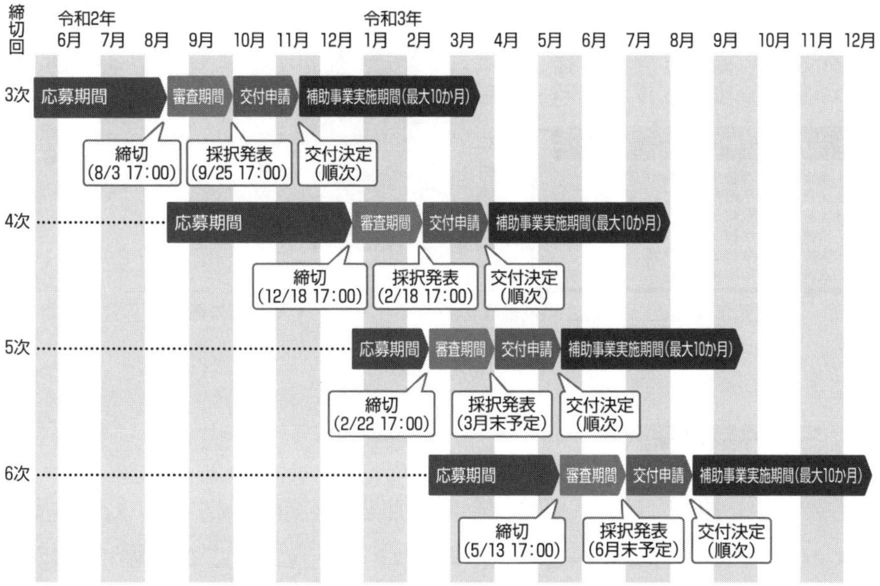

（出所：全国中小企業団体中央会「ものづくり補助金総合サイト」より）

現在では、約３か月サイクルでの申請締切および審査、採択発表が行われている。具体的には、各回の申請受付期間中に電子申請を行い、締切後約１か月で採択が発表され、交付申請／交付決定の手続きを経て、その後10か月以内の補助事業期間が開始される（グローバル展開型は12か月）。

補助事業期間内に計画した設備投資の実施（発注契約や支払いなどの対象

経費支出）を行い、事業完了後に報告書や証拠書類等を整えて、補助金請求を行うしくみとなっている。

【公募スケジュール（令和元年度補正・令和２年度補正６次締切の例）】

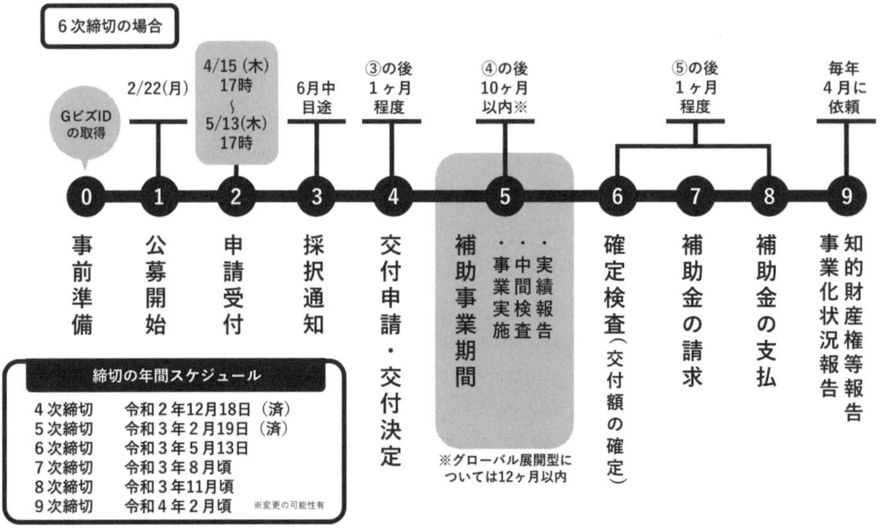

（出所：「令和元年度補正・令和２年度補正ものづくり・商業・サービス補助金」公募要領（概要版・一般型／６次締切分）より）

⑵　採択件数と採択率

ものづくり補助金は形式要件の充足に加え、事業計画の内容に対する審査によって採択／不採択が決まる。採択率は応募状況に応じて変動があるが、これまでは概ね40％前後と半数以上が不採択となっている。採択は計画内容の審査次第で決まるため、必ずしも楽観視できない。

とはいえ、令和元年度補正予算からは実質的に通年の公募となり、約３か月ごとの締切ごとに審査・採択が行われることとなった。今後も採択率の変動が予想されるものの、不採択の場合でもすぐに再応募可能であり、原則年２回だった以前よりも機会が増え、応募しやすくなった。

【ものづくり補助金（一般型）の採択件数・採択率推移】

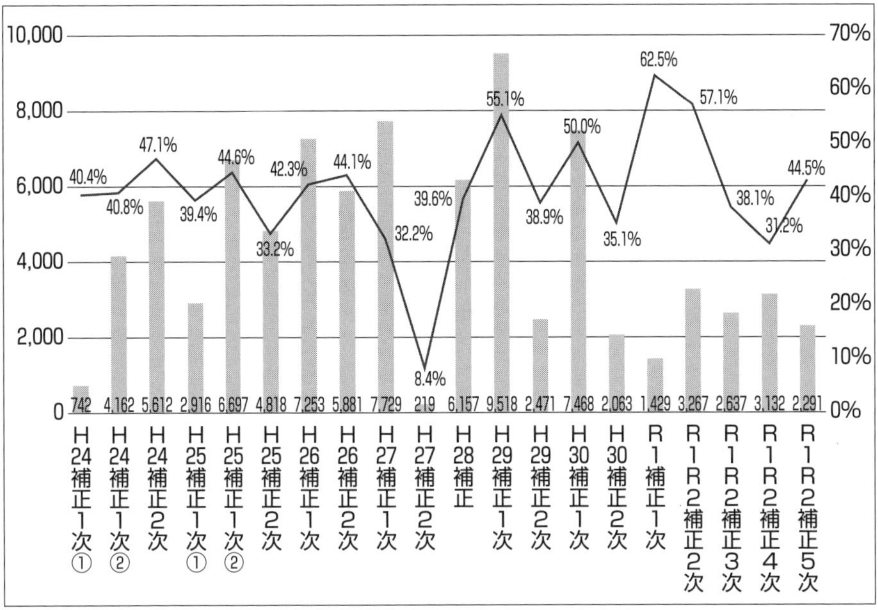

（出所：中小企業庁ホームページより作成）

(3) 公募から採択後手続きの流れ

ものづくり補助金の審査は書類審査のみで行われる。公募締切から１か月余りで採択結果が発表され、応募者に通知される。

採択後、改めて交付申請手続きを行った後に交付決定が受けられ、交付決定日以降に初めて事業開始ができる。交付決定日以前に設備の購入契約や支払いを行うと補助金の対象外になってしまうので特に注意が必要である。

その後も含め、対象経費の事務手続きは細かく定められているので、採択者向けの「補助事業の手引き」にしたがって正確に行うことが求められる。

補助金の交付請求を行うための報告書の作成には、証拠書類の整備にかなり手間がかかる。特に対象経費に関わる見積書、請求書、検収書、領収書、その他は最後にまとめて揃えようとするととても大変なので、その都度整理しておくようにすると良い。

【ものづくり補助金のしくみと手続きの流れ】

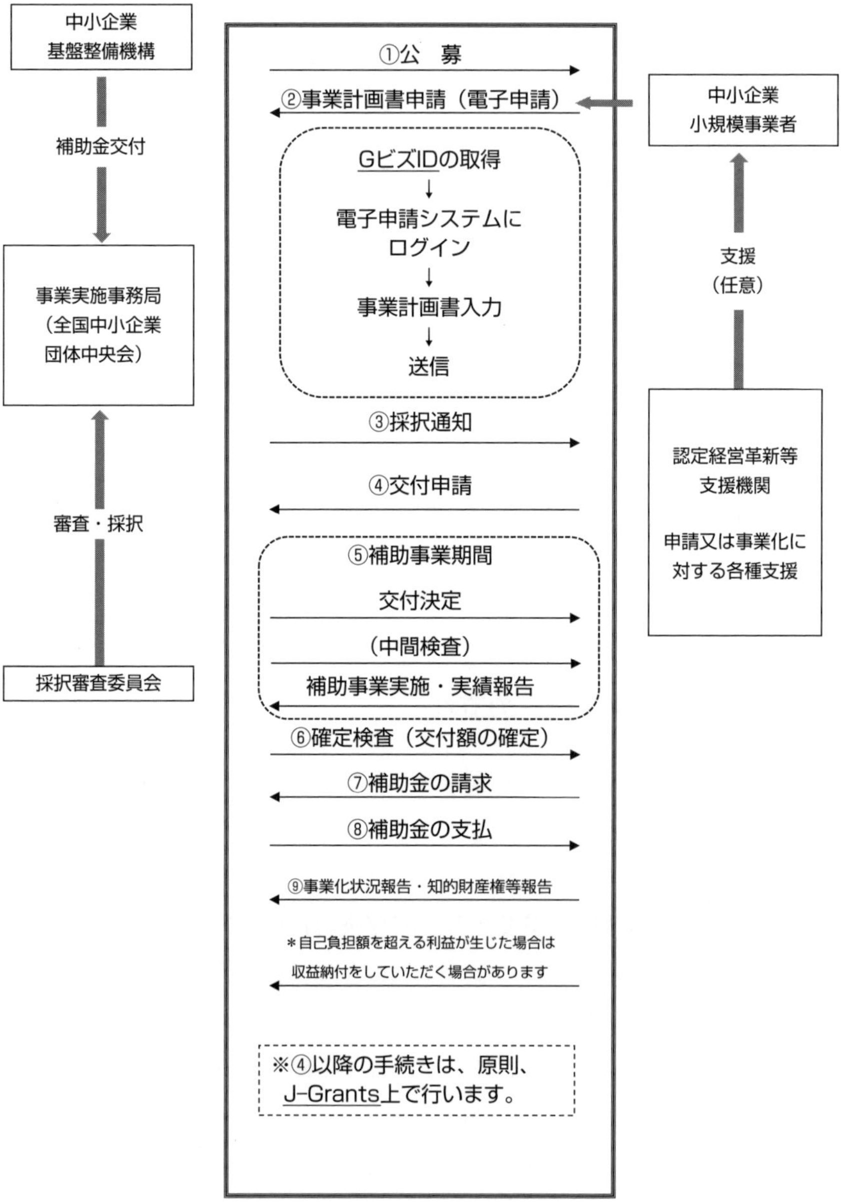

（出所：「令和元年度補正・令和２年度補正ものづくり・商業・サービス生産性向上促進補助金」公募要領（6次締切分））

第2章
ものづくり補助金の申請準備

Ⅰ ものづくり補助金申請の前提

ものづくり補助金の申請には、事業計画書をはじめとした申請書類の作成にかなりの労力がかかるうえ、申請しても必ず受給できるとは限らない。

そこで、申請の具体的な準備を始める前に、そもそも補助金にチャレンジする最終目的は何か、新たな事業や資金使途がものづくり補助金にマッチするものかなど、基本的な点について確認したうえで準備を開始したい。

1　補助金申請目的の明確化

当然ながら、新たに行う事業の必要資金の一部を返済不要の公的資金で賄うことが補助金申請の直接的目的である。だが、そもそも「補助金ありき」とするのか、あるいは補助金がなくてもその事業や設備投資は行うのか、について明確にしておいた方が良い。

確かに、補助金ありきの新規事業も一概に否定はできない。新規事業にはリスクがつきものなので補助金がもらえないならやめておくという考え方もありうる。とはいえ、中途半端な取組み姿勢では、仮に補助金に採択されたとしても事業の成功確率は高くないだろう。

補助金を獲得すること自体ではなく、事業の成功が本来の目的であることを意識するべきである。

その意味では、補助金なしでも実施する覚悟の事業の方が望ましい。逆にいうと、それだけ、強い意志で真剣に取り組む新規事業であり、そのために必要な設備投資計画であれば、実現性も高いはずである。そして、作成した事業計画書にもその姿勢が自然と現れ、結果的に審査上も評価されやすいともいえる。

やはり、補助金審査を通じて採択されれば、実現性について一定の評価を受けたことにはなる。とはいえ、審査結果がすべてではなく、採択が事業の成功を保証するものでもない。

逆に、審査で不採択となったとしても、事業が成功しないと決まったわけではない。一定の基準で公平な書類審査が行われているとはいえ、審査員の定性的評価であるため、客観性、公平性には限界もあると考えられる。

いずれにしても、補助金獲得自体を目的とせず、新たにチャレンジすべき新規事業の成功へ向けた決意と計画の具体化が大切であり、それが結果的には補助金獲得にもプラスとなる。

2　ものづくり補助金向きの事業

(1)　ものづくり補助金向きとは

そもそも自社、そして、これから補助金を活用しようとする事業がものづくり補助金に向いているのか、そうでないのか、ものづくり補助金申請検討の最初の段階において見極めるべきことだろう。詳細な要件や対象経費は別として、ものづくり補助金向きとは、主に下記の点を満たしていることを意味する。

① ものづくり補助金の要件を満たしやすい
② ものづくり補助金の審査上で評価されやすい
③ ものづくり補助金採択の金額的メリットが大きい

ものづくり補助金は形式要件として、幅広くあらゆる業種の中小企業者を対象としている。とはいっても、その制度としての目的や対象要件、審査ポイント、そして、採択されるメリットの大きさなどからして、本補助金に適した業種や事業がある。

(2)　ものづくり補助金向きの経営者

そもそもものづくり補助金の目的は、革新性のある新たな事業に果敢に取り組む中小企業者を支援することである。既存事業とは異なる新しい事業への取組みは、地域経済の活性化、成長発展をめざす中小企業にとって不可欠だが、それに取り組むには当然ながらリスクもある。

したがって、そのようなチャレンジ精神と実行力のある経営者がものづくり補助金にも向いているといえよう。

(3) ものづくり補助金向きの業種

また、ものづくり補助金の対象には商業・サービス業も含まれる。しかしながら、ものづくり企業の支援がもともとの目的であり、主な補助対象経費も設備投資費用が中心である。したがって、ものづくり補助金は一般的に製造業向きの補助金といって良いだろう。

また、製造業の方が新規の設備投資を通じて、新技術や新製品の開発、生産プロセスの改善によって特色ある製品を生み出しやすいともいえる。

実際に採択された事業の一覧をみても、大半が製造業と考えられる。

そこで、ものづくり補助金に商業・サービス業といった製造業以外の事業者が応募する場合には、より一層の工夫が必要である。情報システム構築なども含めて設備投資をどのように活用するのか、それによって、どのように新たな革新的サービスの提供やサービス提供プロセス改善を行うのか、という点である。

最近の採択結果の一覧で製造業以外の事例について事業計画名をみると、以下のようにユニークな事業が多い。

【製造業以外でのものづくり補助金採択事例】

業　種	事業計画名
仕出料理店	急速冷凍技術の活用でサクサク天ぷら＆新鮮マグロ寿司の会席料理を量産
調剤薬局	小規模薬局が推進する！国が求める近未来型調剤薬局モデル事業
アプリ・ソフトウェア開発	国内初のサーフボードシェアリングシステム開発
歯科医院	増加し続けるデンタルツーリズムを想定した歯科医院の今後のあり方
スポーツクラブ	ピラティススタジオ新設でサービス向上により新たな顧客の拡大
建設業	乾式吹付機導入による社会インフラ補修サービスの開発と社会貢献
非破壊検査	ドローン活用のコンクリート構造物回転式打音検査システム開発
コールセンター	効率的な営業を支援！次世代型バーチャルコールセンターの提供
葬儀業	日本初！葬儀専用浴槽システムの開発による葬儀サービスの革新
人材派遣	AI 活用型新システム開発による中小企業等向けの最適プロモーションの提案

（出所：「平成 30 年度補正　ものづくり補助金（1 次公募）」採択案件一覧より作成）

⑷　ものづくり補助金向きの対象事業

ものづくり補助金の対象事業は一定額以上の設備投資が必要な新たな事業である。機械装置・システム構築費を中心に対象経費の 2 分の 1（小規模事業者は 3 分の 2)、一般型で上限 1,000 万円まで（グローバル展開型は 3,000 万円まで）補助される。

したがって、金額メリットを最大限享受できるのは、対象経費合計で一般型は 2,000 万円以上（小規模事業者は 1,500 万円以上)、グローバル展開型は 6,000 万円以上（小規模事業者は 4,500 万円以上）が計上できる事業である。そのためには、対象経費のうち、金額的に大きくなる機械装置・システム構築費にある程度まとまった金額が計上できる事業である必要がある。設備投資に一定の金額が必要な事業がものづくり補助金向きといえる。

なお、ハードとしての機械装置だけでなく、ソフトウェアの購入や情報システム開発の費用も設備投資として機械装置・システム構築費に計上できる。

⑵　最新の公募要領で変更点を確認

実際に公募が開始され、公募要領が公開され次第、対象要件をはじめ従来と変更がないか詳細を確認する。

ものづくり補助金はこれまでも毎年度内容が少しずつ変更されており、最近では、令和元年度補正予算事業から大幅な内容改正が行われた。制度がシンプルで応募しやすくなったが、その後も類型の追加や特別枠の変更が行われている。今後も随時部分的な改正が行われる可能性がある。

したがって、あらかじめ過去の公募要領の内容を把握しておき、その後実際に応募する際に、その回の変更点を最新の公募要領でよく確認することが不可欠だ。

⑶　過去の採択事例の閲覧

ものづくり補助金は採択発表と同時に採択案件の事業者名や事業名（30字程度）、支援認定支援機関名などの一覧が公開される。過去の採択事例も補助金事務局のホームページ上で閲覧可能なので確認しておくと良い。

過去の採択事例を閲覧することで、どのような業種のどのような案件が採択されているかイメージがわく。

また、同一の認定支援機関で複数の案件が採択されているケースも多く、採択件数の多い認定支援機関がどこなのかもわかる。

特に銀行や信用金庫などの金融機関のほとんどが認定支援機関として登録されているが、件数が多いところがものづくり補助金支援への注力度が高いと考えて良い。現在、応募に対して認定支援機関の支援は任意となっているが、採択者一覧は、認定支援機関選びの参考にもできる。

⑷　直前公募での採択実績

ものづくり補助金の採択率は、これまで概ね40％前後で、年間約1万件前後が採択されている。応募検討の際には直近の公募でどの程度の件数が採択され、採択率がどうだったかを確認しておくと良い。過去の傾向と変化があった場合などは、注意が必要である。

例えば、直前の締切分で採択率が高かったり低かったりした場合には、次の回ではその逆となることも多いと想定される。

特に自社が応募する時期が年度後半などの場合、予算消化の状況と応募状況によっては狭き門となることもありえる。それまでの締切分での応募件数や採択率についても確認しておくべきだろう。

2 WEBサイトからの情報収集

(1) 中小企業支援機関等のサイト

ものづくり補助金に関する基本的な情報収集にはインターネットの活用が必須である。特に補助金についての公式情報は、中小企業庁や補助金事務局のWEBサイトから入手するのが正確で有効である。

また、実際に応募する際には、補助金事務局のWEBサイトから公募要領と電子申請システム操作マニュアルをダウンロードして行う。

過去の公募要領も閲覧できる場合もあるので、検索のうえ、次回以降の公募に備えて確認しておくと良い。

【中小企業支援機関等のWEBサイト例】

WEBサイト名/アドレス	運営者	補助金情報ページ
ものづくり補助事業公式ホームページ (https://portal.monodukuri-hojo.jp/)	全国中小企業団体中央会(ものづくり補助金事務局)	ものづくり補助金総合サイト
中小企業庁 (http://www.chusho.meti.go.jp/)	中小企業庁	公募・公開情報 →補助金等公募案内
ミラサポplus (https://mirasapo-plus.go.jp/)	経済産業省 (中小企業庁)	補助金を探す

ルが制定され、かなり細かい規定や注意事項も数多く書かれている。これらを熟読のうえ、常に詳細まで確認しながら応募申請にあたりたい。

(2) 公募要領の理解

① 補助金の重要用語

公募要領では、すべての用語の定義が説明されている訳ではない。また、一般的な用語と異なる意味で使われている用語もある。用語の意味を勝手に解釈して、申請書類作成や応募方法などを誤ると不採択になる危険性もあるので注意が必要だ。

そこで、公募要領でよく使われる下記のような専門用語の意味をあらかじめ理解しておけば読み誤ることもなく、確実である。

【ものづくり補助金に関する重要用語例】

用　語	説　明
公募要領	補助金の内容や手続きの詳細などが記載されている文書。他の補助金では応募要項と呼ぶ場合もある。
補助事業	補助対象事業ともいう。補助金の対象となる事業者の特定の経営活動。 （例：製品の試作開発、そのための設備投資など）
補助率	対象経費のうち補助金が支給される割合の上限。原則は 2 分の 1。
事業類型	要件や補助金額などの補助内容の違いによる区分。公募ごとに定められる中から選択して応募する。
採択	補助金の支給対象者に選定されること。
交付	補助金の支給、支払いを行うこと。
交付申請	採択された補助金の対象者が事業開始前に行う必要がある手続き。
交付決定	交付申請に基づいて補助金の対象者を確定すること。交付決定後でないと補助対象事業の開始はできない。交付決定通知書が発行される。
事業実施期間	事業期間ともいう。補助金対象事業を実施する期間。交付決定された対象経費に関する契約や支出はその期間内に行うことが条件。
補助対象経費	補助金の対象として認められる特定の費用。設備投資など会計上資産計上する資産の取得費用も含む。
経費明細表	補助金申請および交付申請の際に補助対象経費の明細を記載する表。

【ものづくり補助金の公募要領の例（表紙および目次）】

令和元年度補正・令和二年度補正

ものづくり・商業・サービス生産性向上促進補助金

公募要領

〔一般型（新特別枠含む）・グローバル展開型〕

（６次締切分）

※　本補助金の申請には、「ＧビズＩＤプライムアカウント」の取得が必要です。

取得未了の方は、あらかじめＧビズＩＤプライムアカウント取得手続きを行ってください。

１.0版

令和３年２月

ものづくり・商業・サービス補助金事務局

（全国中小企業団体中央会）

【事業概要】

ものづくり・商業・サービス生産性向上促進補助金は、中小企業・小規模事業者等が今後複数年にわたり相次いで直面する制度変更（働き方改革や被用者保険の適用拡大、賃上げ、インボイス導入等）等に対応するため、中小企業・小規模事業者等が取り組む革新的サービス開発・試作品開発・生産プロセスの改善を行うための設備投資等を支援するものです。また、新型コロナウイルスの感染拡大の影響を受け、社会経済の変化に対応したビジネスモデルへの転換に向けた新型コロナウイルスの影響を乗り越えるために前向きな投資を行う事業者に対して、通常枠とは別に、補助率を引き上げ、営業経費を補助対象とした「新特別枠」として低感染リスク型ビジネス枠を新たに設け、優先的に支援します。

補助上限　[一般型]　１，０００万円
　[グローバル展開型]　３，０００万円
補 助 率　[通常枠] 中小企業　１／２、　小規模企業者・小規模事業者　２／３
　[低感染リスク型ビジネス枠]　２／３
補助要件　以下を満たす３～５年の事業計画の策定及び実行
・付加価値額　＋３%以上／年
・給与支給総額＋１．５%以上／年
・事業場内最低賃金≧地域別最低賃金＋３０円

※　新型コロナウイルスの感染拡大が継続している状況に鑑み、補助事業実施年度の付加価値額及び賃金の引上げを求めず、目標値の達成年限の１年猶予を可能とします。

【公募期間】

公募開始：令和３年２月２２日（月）　１７時～
申請受付：令和３年４月１５日（木）　１７時～
応募締切：令和３年５月１３日（木）　１７時（６次締切）

○　**５次までの各締切で不採択だった方は、６次締切に再度ご応募いただくことが可能**です。６次締切分の採択発表は、６月末を予定しています。**一般型とグローバル展開型は同じスケジュール**で、６次締切後も申請受付を継続し令和３年度内には、複数回の締切を設け、それまでに申請のあった分を審査し、随時採択発表を行います（予定は変更する場合があります）。

【申請方法】

○　申請は、電子申請システムでのみ受け付けます。入力については、申請者自身が、電子申請システム操作マニュアルに従って作業してください。入力情報については、必ず、申請者自身がその内容を理解、確認してください。

○　本補助金の申請にはＧビズＩＤプライムアカウントの取得が必要です。未取得の方は、**お早めに利用登録を行ってください。**同アカウントは、事業者情報の再入力の手間を省くため、採択後の手続きにおいても活用いただきます。本アカウント及びパスワードを外部支援者等の第三者に開示することは、ＧビズＩＤ利用規約第１０条に反する行為であり、トラブルの原因となり得ますので、ご注意ください。

【注意事項】（応募申請の手続きの前に必ずご一読ください）

○　本事業では、提出いただいた事業計画を外部有識者からなる審査委員会が評価し、より優れた事業提案を採択します。グローバル展開型は特に優れた内容を求めます。申請前に、書類に不備や不足がないことを必ずご確認ください。不備がある場合（例えば、小規模事業者でないにも関わらず、通常枠で補助率３分の２の事業計画を提出等）は、不採択となります。

○　本事業は、通年で公募し、複数の締切を設けて審査・採択を行うことで、申請事業者の予見可能性を高め、十分な準備の上、都合のよいタイミングで申請・補助事業実施することが可能になります。過去に実施した類似事業や同一事業でも締切毎で申請要件や公募方法が異なりますので、公募要領の詳細をよくご確認ください。

1

○　「採択結果」は、ご申請いただいた事業計画に記載のある金額の全額に対して、補助金の交付決定を保証するものではありません。採択結果にもとづき「補助金交付申請」をいただき、その内容をあらためて事務局で精査し、必要に応じて事業者にご照会・ご連絡等を行ったうえで交付額を決定し、通知いたします。

○　**本事業は、中小企業自身の経営力を高め、事業計画期間にわたって生産性を高めることを支援するものですので、申請者は事業計画の作成及び実行に責任を持つ必要があります。計画の検討に際して外部の支援を受ける場合には、作業等にかかる費用等とかい離した高額な成功報酬等を請求する悪質な業者等にご注意ください。申請書の作成を支援した者がいる場合は、申請画面の「事業計画書作成支援者名」「作成支援報酬額」の欄に当該事業者名及び当該事業者に支払う報酬の内容（成功報酬の場合は、採択時に支払う金額）と契約期間を記載してください。今後、申請支援の実態に関する調査を実施するとともに、トラブルが起きた場合の通報窓口を設置し、不適切な行為と認められる事案をとりまとめ、公表します。また、当該作成支援者が認定支援機関である場合には、業務改善命令や認定取り消しに至る可能性があります。ただし、申請者が上記の注意内容を理解した上で作成支援者を活用することを妨げるものではございません。**

（不適切な行為の例）
・作業等にかかる費用等とかい離した高額な成功報酬等を申請者に請求する。
・補助金申請代行を主たるサービスとして営業活動等を行う。
・金額や条件が不透明な契約を締結する。
・中小企業等に対して強引な働きかけを行う。
・申請書に虚偽の内容の記載を教唆する、又は、作成支援者名を記載しないように求める。

【お問合せ先】

○　応募に関する不明点は、ものづくり補助金事務局サポートセンターまでお問合せください。問い合わせが集中した場合、回答に時間を要する可能性がございますので、ご了承ください。

<ものづくり補助金事務局サポートセンター>
受 付 時 間：１０：００～１７：００（土日祝日を除く）
電 話 番 号：０５０－８８８０－４０５３
メールアドレス：公募要領に関するお問合わせ：monohojo@pasona.co.jp
電子申請システムの操作に関するお問合わせ：monodukuri-r1-denshi@gw.nsw.co.jp

○　上記サポートセンターの職員が不適切な対応を行った場合や、申請支援者とのトラブルについて通報いただく場合、本補助金の不正利用や要件違反に関する内部告発等は、以下の窓口までご連絡ください。なお、公益通報者は公益通報者保護法に基づき適切に保護されます。

<トラブル通報窓口>
受 付 時 間：１０：００～１２：００／１３：００～１７：００（土日祝日を除く）
電 話 番 号：０３－６２６２－７９２１
メールアドレス：houkoku-mh@mail.chuokai.or.jp

2

〔目　　次〕

【様式（申請の際に活用いただくもの）】
様式１　賃金引上げ計画の表明書（必須）

【参考様式】
参考様式１･２　事業計画書記載項目

3

（出所：「令和元年度補正令和２年度補正ものづくり・商業・サービス生産性向上促進補助金」公募要領（６次締切分））

② 説明会への参加

ものづくり補助金では、通常公募開始と同時に補助金事務局の主催による説明会の日程が発表される。説明会では、公募要領をもとに応募にあたって間違いやすい点や、前回までから変更となった点などを中心に説明が行われる。

開催される場合は、誰でも無料で参加できるため、短期間で満席になるケースも多い。できるだけ早めに申込み、参加したい。

(注) 新型コロナウィルス感染症対策の為、令和２年度以降、説明会開催は中断されている。

Ⅲ 事業構想具体化のポイント

経営者の新しい事業へのアイデアや構想を事業計画として具体化していく手順として「ストーリー作り」が有効だ。経営者の想いから対象事業の動機・きっかけをはじめとして、事業の独自性や優位性、ビジネスモデル構築、マーケティング視点も加えていく。ストーリーを描くように事業構想の具体化を進めていき、事業計画書に繋げていくことがポイントになる。

1 対象事業の目的と経緯

(1) ストーリー作りとは

補助金対象事業の事業構想を具体化する際には、「ストーリー作り」が有効である。ストーリーを組み立てることで、事業の目的や背景が明確になる。

また、ストーリーの登場人物である経営者自身、顧客、パートナー企業などを具体的に設定していくことで、事業のイメージが具体化される。

補助金の申請書類において、内容審査上評価に差がつくのが事業計画書である。審査員が読んで理解し、共感を得られれば評価も高くなる。そのコツの１つが「ストーリー作り」といえる。

ストーリーを語ることで、読み手（補助金の審査員）の対象事業についての理解が進み、さらに共感を持ってもらいやすくなる。単に事実の記載ではなく、ストーリーとしての流れによって、読み手の興味を引き、印象に残る。

ストーリー作りとは何も審査のためだけに作文をすることではない。対象事業の動機やきっかけから始めて、なぜその事業が世の中に必要なのか、どうして自分（経営者）がその事業を実現できるのかをスタートとしてまとめていく。

そして、事業が顧客に支持され、社会にも貢献し、その結果、将来的にど

【ストーリー全体の流れ】

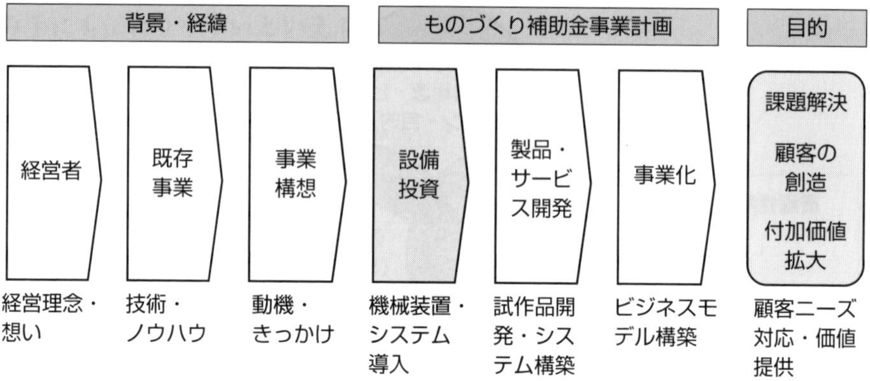

2　対象事業の差別化とビジネスモデル

(1)　製品・サービスの優位性・差別化

①　独自の技術的背景

　ものづくり補助金では、新しい設備の導入や技術開発によって、最終的に差別化された独自性の高い製品開発をめざす事業等が対象になる。いかに既存技術や類似する他社の製品・サービスと異なり、優位性が認められ、差別化できるのかがポイントである。

【技術的背景の説明】

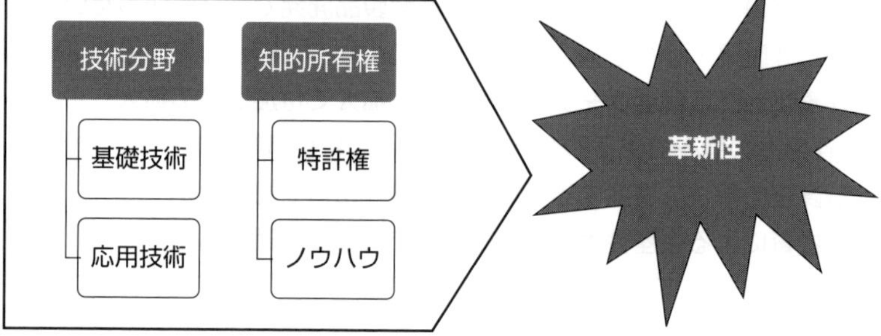

自社の強みや既存技術をもとにして、それを活かしてさらに新しい技術や製品を開発する事業を設備投資によって実現するのである。

いいかえれば、差別化の根拠としてどのような技術的背景があるのか、できるだけ客観的に説明できるような事業がものづくり補助金にふさわしい。

例えば、既存の事業や製品のどの部分に用いられている技術の応用であるとか、どのような既存特許の原理を用いているのかなどといったことである。

② 新規性と独創性、革新性

対象事業で用いたり、新たに開発したりする技術が、これまでの一般的な技術とは異なる点の説明が必要である。つまり、確かにものづくり補助金の対象としてふさわしい技術の独創性、新規性、革新性が認められるということを説明できることが求められる。審査においても、当然ながら独創性、新規性、革新性は評価上の重要ポイントである。

③ 顧客への提供価値・差別化要素

また、事業計画の具体化へ向けて、独自の新しい技術やそれに基づいた製品・サービスが顧客にどのような価値を提供するものなのかという視点が重要である。他の既存事業や他社の類似する事業とは異なり、どこに独自の差別化要素があるのかということである。

今までにない新しい機能なのか、高品質なものなのか、低コスト化が可能なのか、時間短縮が可能なのか、などについてできるだけ客観的に説明できると良いだろう。

(2) ビジネスモデルの構築

① 収益と費用も含めた事業全体のしくみ

対象事業の製品やサービスそのものだけではなく、仕入・購買から外注などの調達、そして、対象顧客、販売経路から代金回収までを含めた、事業の流れに沿った事業全体のしくみがビジネスモデルである。

対象事業で活用する技術や製品・サービスをビジネスとして事業化し、さらに継続的に収益をあげられる事業として展開していくためには、全体のビジネスモデルを組み立てることが必要だ。

② パートナー企業

ビジネスモデルの中には、自社だけではなく、技術面や販売面、仕入・外注先などのパートナー企業、取引先などの関係者も含む。実際にものづくり補助金の対象事業を始めるには、外部の力を借りる必要もあるだろう。

どのような面でどのような企業との協力関係で行う事業なのか、自社を補完するパートナー企業のそれぞれの分野での強みが事業の成功にも役立つ。

3　対象事業のマーケティング視点

(1)　市場や顧客ターゲットの検討

① 対象事業への市場ニーズ

対象事業の構想を具体化する際、まず新たな製品やサービスの開発そのものの計画が対象になる。審査においても、まず技術開発や製品開発までの実現性が評価される。

それだけでなく、最終目的である事業化が成功するためにはその製品やサービスを必要とする市場や顧客の存在が不可欠だ。市場の需要、顧客のニーズがある製品やサービスでなければ事業として継続することは難しい。つまり、当然ながら最終的には十分需要があり、収益があがる事業であることが必要である。

その点で、ものづくり補助金の審査では事業化後の収益性や継続性も重要な審査ポイントとして評価される。

② 対象事業の顧客ターゲット

そこで、事業化成功のためには製品・サービスは、どんな顧客をターゲットにするものなのかを考えておかなくてはならない。

いくら新しくて独自性のある事業でも、顧客やユーザーがいなければ成り立たない。誰が買ってくれるのか、どんなユーザーが考えられるのかをできるだけ具体的に絞り込んで考える。

以上のようなマーケティングの視点が事業化の成功へ向けて不可欠である。

(2) 販売経路・営業方法の検討

① 販売経路と営業方法

事業化が実現した後にも事業が成長し、継続していくためには、製品・サービスの売上が上がり、利益が出る事業になることが必要だ。その点では補助対象事業の事業期間が終了した後がむしろ本番になる。

新たな事業の開発に成功しても、その後、事業の継続的発展がなければ、補助金交付の意義も薄くなる。したがって、審査上でも事業化の成功まで具体的に見通せているかどうかが評価される。

そこで、例えば代理店を通じて販売するのか、自社直販とするのか、直販はWEBでも行うのか、などの販売経路もできるだけ計画しておく。どのような販売経路で顧客にアプローチし、どのように営業活動を行うのか、製品やサービスにマッチした販売経路や営業方法を極力具体的に計画するようにしたい。

② 広告・宣伝活動

また、顧客の開拓や営業を効率的に促進するために、広告宣伝や販売促進の方法なども、具体的に考えてあると良い。

例えば、チラシや雑誌広告などのうちどのような媒体で行うのか、どのような展示会に出展するのか、などについてである。費用対効果もある程度予測した上で、対象事業の製品・サービスにマッチした方法を計画する。

4 社会貢献と地域貢献の視点

(1) 社会的課題の解決

ものづくり補助金にふさわしい事業は独自性、新規性、革新性があり、さらに実現性も高いと評価される事業である。ものづくり補助金に限らないが、その点に加えて、社会的な課題の解決に貢献する事業であれば、補助金の対象としての評価は得られやすい。

そこで、対象事業が提供する製品・サービスで何か社会貢献に役立つ効果がないか考えてみる。そのためには、下記のような社会的課題の解決に役立つ要素がないかどうかという視点も有効だ。

社会貢献や地域貢献の要素は、審査上でも政策面で評価されるので、対象事業の目的や効果として少しでも盛り込みたい。

【社会的課題の例】

①　超高齢社会、少子高齢化対策
②　買い物弱者対策推進
③　環境・エネルギー対策
④　生産性向上による人手不足対策
⑤　地域活性化
（地域経済振興、地方の活性化）
⑥　外国人観光客増加対策
⑦　子供の教育・育児環境整備
⑧　女性の活躍促進
（職場環境整備、子育て支援）
⑨　福祉介護分野の人手不足解消
⑩　災害対策
（防災技術、自然災害予測）
⑪　働き方改革推進
（労度時間短縮、多様な働き方）
⑫　感染症対策
（感染症予防、感染拡大防止）
⑬　正規雇用の増加、外国人労働者増加対策
⑭　高齢者雇用の促進、定年延長

(2)　地域課題の解決

また、特定の地域における課題解決や地域活性化に繋がる要素が認められる事業も補助金対象とふさわしく、審査上も政策面で評価される。

地域に根ざした新しい事業が成功すれば、新たな雇用が生まれる。地域活性化そのものが目的の事業でなくとも、下記の例のような視点で何か地域貢献の要素が取り入れられないか考えてみることも大切である。

【地域課題の例】
① 地場伝統産業の振興と承継
② 地域への外国人観光客誘致
③ 地域内での雇用創出
④ 地域内への移住促進
⑤ 地域活性化（地域経済振興、地方の活性化）
⑥ 地域資源の活用による地場産業振興
（農水産物、特産品、伝統工芸品、伝統行事、観光資源）
⑦ 地域の人口減少・過疎化対策
⑧ 農業の６次産業化
⑨ 農林水産業の後継者育成

5　審査項目の視点での検討

⑴　審査ポイントと留意点

① 補助対象外事業

まず、公募要領にある「該当するとされた場合は不採択となる事業」に該当しないことが大前提になる。このうち、「他の補助金等と重複する事業」、「公序良俗に反する事業」など大半については、常識的にも対象外ということが明らかである。

ただし、公募要領で補助対象外事業として示されている「事業の主たる課題の解決そのものを外注又は委託する事業」や「試作品等の製造・開発のすべてを他社に委託し、企画だけを行う事業」など、いわゆる丸投げ型の事業は、該当するケースもありがちであり、特に注意が必要だ。

② 審査項目

ものづくり補助金では事業計画書の内容に対する「審査項目」が公募要領に明記されている。したがって、事業計画の具体化を考える際に「審査項目」を意識しておくことも必要だ。

補助対象事業としての適格性といった形式要件に加え、技術面、事業化面、政策面のそれぞれについて複数の審査員により点数評価に基づいた審査が行われる。特に、事業の実現性や革新性、優位性、収益性などが重要であり、この点を意識して、事業計画の具体化を検討することが求められる。

【ものづくり補助金の審査項目】

技術面	①　新製品・新サービス（既存技術の転用や隠れた価値の発掘（設計・デザイン、アイデアの活用等を含む））の革新的な開発となっているか。「中小サービス事業者の生産性向上のためのガイドライン」又は「中小企業の特定ものづくり基盤技術の高度化に関する指針」に沿った取組みであるか（グローバル展開型では、地域内での革新性だけではなく、国際競争力を有しているか）。 ②　試作品・サービスモデル等の開発における課題が明確になっているとともに、補助事業の目標に対する達成度の考え方を明確に設定しているか。 ③　課題の解決方法が明確かつ妥当であり、優位性が見込まれるか。 ④　補助事業実施のための技術的能力が備わっているか。
事業化面	①　補助事業実施のための社内外の体制（人材、事務処理能力、専門的知見等）や最近の財務状況等から、補助事業を適切に遂行できると期待できるか。金融機関等からの十分な資金の調達が見込まれるか（グローバル展開型では、海外展開に必要な実施体制や計画が明記されているか）。 ②　事業化に向けて、市場ニーズを考慮するとともに、補助事業の成果の事業化が寄与するユーザー、マーケット及び市場規模が明確か。クラウドファンディング等を活用し、市場ニーズの有無を検証できているか（グローバル展開型では、事前の十分な市場調査分析を行っているか）。 ③　補助事業の成果が価格的・性能的に優位性や収益性を有し、かつ、事業化に至るまでの遂行方法及びスケジュールが妥当か。 ④　補助事業として費用対効果（補助金の投入額に対して想定される売上・収益の規模、その実現性等）が高いか。
政策面	①　地域の特性を活かして高い付加価値を創出し、地域の事業者等や雇用に対する経済的波及効果を及ぼすことにより地域の経済成長を牽引する事業となることが期待できるか（グローバル展開型では、事業の成果・波及効果が国内に環流することが見込まれるか）。 ②　ニッチ分野において、適切なマーケティング、独自性の高い製品・サービス開発、厳格な品質管理などにより差別化を行い、グローバル市場でもトップの地位を築く潜在性を有しているか。 ③　異なるサービスを提供する事業者が共通のプラットフォームを構築してサービスを提供するような場合など、単独では解決が難しい課題について複数の事業者が連携して取組むことにより、高い生産性向上が期待できるか。また、異なる強みを持つ複数の企業等（大学等を含む）が共同体を構成して製品開発を行うなど、経済的波及効果が期待できるか。

	④ 先端的なデジタル技術の活用、低炭素技術の活用、経済社会にとって特に重要な技術の活用、新しいビジネスモデルの構築等を通じて、我が国のイノベーションを牽引し得るか。 ⑤ 感染拡大を抑えながら経済の持ち直しを図り、ウィズコロナ・ポストコロナに向けた経済構造の転換・好循環を実現させるために有効な投資内容となっているか（低感染リスク型ビジネス枠のみ）。

（出所：「令和元年度補正・令和２年度補正ものづくり・商業・サービス生産性向上促進補助金」公募要領（6次締切分））

(2) 審査における加点項目の検討

ものづくり補助金では、要件のいずれかを満たせば審査上加点され、その分確実に有利になる項目がある。公募要領を確認し、可能な項目はなるべく充足するように準備したい。

このうち、経営革新計画などの法律認定計画については、ものづくり補助金の申請と同時に新たに取得する場合（認定申請中であることが条件）や有効期間内のものが対象になるので、取得のタイミングが重要である。

【ものづくり補助金の加点項目】

成長性加点	有効な期間の経営革新計画の承認を取得した（取得予定の）事業者
政策加点	創業・第二創業後間もない事業者（5年以内）
災害等加点	有効な期間の事業継続力強化計画の認定を取得した（取得予定の）事業者
賃上げ加点等	①事業計画期間において、給与支給総額を年率平均２％以上増加させ、かつ、事業場内最低賃金を地域別最低賃金＋60円以上の水準にする計画を有し、従業員に表明している事業者」、又は、「事業計画期間において、給与支給総額を年率平均３％以上増加させ、かつ、事業場内最低賃金を地域別最低賃金＋90円以上の水準にする計画を有し、従業員に表明している事業者 ②被用者保険の適用拡大の対象となる中小企業が制度改革に先立ち任意適用に取り組む場合

（出所：「令和元年度補正・令和２年度補正ものづくり・商業・サービス生産性向上促進補助金」公募要領（6次締切分））

⑶　減点項目について

令和元年度補正予算事業での公募において、審査上の減点項目が創設された。「過去3年間にものづくり補助金の交付決定を受けていた場合に、その回数に応じて減点」されるというものである。

該当する場合には、減点を考慮の上で応募するかどうか判断したい。

第3章
採択に向けた申請書類の作成

Ⅰ　応募申請書類の作成と提出

　ものづくり補助金の申請において、最も重要で時間のかかる事業計画書の作成には数週間は必要と考えて計画的に準備したい。

　現在、ものづくり補助金の申請手続は電子申請で行うことになっている。アカウントの取得など事前の利用登録にも時間がかかるので、締切まで余裕をもって早めに行いたい。

1　応募申請手続きと書類の確認

⑴　応募申請書類作成の流れ

①　作成の手順

　ものづくり補助金の公募期間は長くても2か月余りのため、公募が開始され次第、速やかに申請書類の作成に取り掛かれるように準備しておくことが望ましい。具体的には前章で説明したように、補助金で行う事業構想の具体化や、対象経費に計上する設備投資内容の検討などである。

　実際の公募要領で詳細を確認したうえで作成を開始する。内容的に最も時間をかける必要がある事業計画書については、事前の構想に加え、作成しながら具体化していくことも必要だ。

　自社で作成・用意する書類はともかく、社外から入手が必要なものについてはなるべく早めに依頼しておく。例えば、機械装置・システム構築費の算定に必要な見積書などは、設備業者に依頼しても入手までに時間がかかる場合があるので、早めに依頼しておきたい。

　必要な添付書類についても、同時平行して作成、電子申請の準備を進めて行くことが必要である。

【応募申請書類作成の流れ】

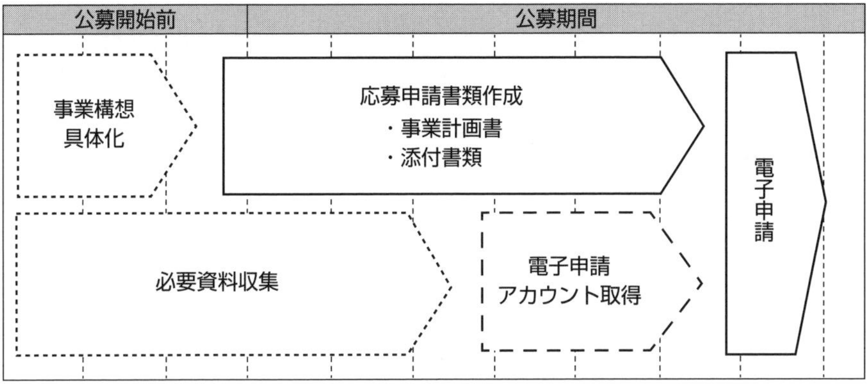

② 作成スケジュール

申請書類の作成と添付書類の準備は公募締切から逆算し、遅くとも1か月前には開始したい。事業計画書はじめとした書類作成には、事前準備は別として少なくとも数週間程度はかかると考えておくべきだろう。できれば、余裕をもって1か月余りを見込んでおく。

公募期間が1か月程度と短い場合もあり、公募開始直後から書類作成を開始しても、間に合わない可能性もある。

そこで、一般的には各年度の1次締切での応募に照準を合わせて、事前の準備をしておくのが得策だ。採択率は応募状況によって毎回変動するが、1次締切の方が2次締切回以降よりも高めとなる傾向があるので、可能であれば1次締切での応募をめざしたい。

加点要件を満たすために、法律認定の申請を同時並行する場合には、計画認定や承認まで自治体などとのやりとりや計画書作成や申請書類提出にかかる時間を、あらかじめ見込んで準備を進めることが必要である。

電子申請に必要なGビスIDプライムの取得にも最大で2週間かかるとされており、特に締切間際にはサイトの混雑も予想される。余裕をもって早めに完了させたい。

【応募申請スケジュール例（公募期間３月末～５月中旬のケース）】

	事前準備期間			公募期間	
	1月	2月	3月	4月	5月
事業構想具体化	- - - -	- - - -	- - - -	- - - →	
必要資料収集		- - - -	- - - -	- - - →	
事業計画書（本文）作成				――→	
事業計画（数値）作成				→	
添付書類準備				- - →	
電子申請準備・入力				- - →―	→☆

③ 電子申請の準備

ものづくり補助金の申請は、様々な行政サービスを１つのアカウントで利用できる「GビズID」を用いた電子申請システムを通じて行う。

ものづくり補助金の電子申請を行うには、事前に「GビズIDプライム」のアカウント取得が必要となる。取得には通常2～3週間前後かかるので、申請の締切に間に合わないことがないよう早めに行っておく必要がある。

また、電子申請は、公募要領とは別に公開される「電子申請マニュアル」に沿って１つずつ行えば難しいものではないが、締切間際であわてることのないようにあらかじめ手順を確認しておきたい。

電子申請は、ものづくり補助金事務局の公式ホームページから行うが、一旦申請登録を完了すると、すぐには修正できないので注意が必要である。いずれにしても、締切までに時間的余裕をもって行うようにしたい。

【電子申請の手順】

■ 電子申請の流れ

電子申請は以下の4つのステップで実施します。

Step ① GビズＩＤプライムの取得

1．GビズＩＤプライムの取得

● 以下のGビズＩＤサイトにて、GビズＩＤプライムの取得（申請）を行ってください。

gBizID https://gbiz-id.go.jp/top/index.html

※ GビズIDエントリー、GビズIDメンバーアカウントでは、電子申請システムをご利用いただくことはできません。

参考

既に取得済みの場合は対応不要です。

Step ② 電子申請システムにログイン

2．電子申請システムにログイン

● ものづくり補助金総合サイトの「電子申請システム」ページから、「電子申請システムログインページへ」を選択する。または直接ログインページへのURL（ **https://www.r1mono-denshi.jp/**）を指定します。
● 「ログイン」画面で「GビズＩＤプライムでログイン」を選択し、取得済みのGビズＩＤプライムを使用してログインしてください。

Step ③ 申請内容の入力

3．電子申請システムにて申請を開始し、申請内容を入力

● ログイン後、「申請ＴＯＰ」画面の「申請はこちら」から入力を開始します。
● 応募者のプロフィールとして応募者の概要、事業内容、経費・資金調達内訳などを入力後、必要書類（電子ファイル）の添付を行います。

※ 電子申請システムにおいて、入力内容の形式不備などのチェックを自動的に行います。

Step ④ 申請内容の送信

4．申請内容を送信

● 入力内容に形式不備やエラーがなくなり、全ての項目の「作成状況」が「作成済」となった後、「申請」ボタンをクリックし、申請内容を送信してください。

※ 一度申請（送信）した内容は変更できませんので、「申請」ボタンをクリックする前に十分確認してください。
※ 申請内容に不備等があった場合には、後日事務局から修正を依頼する場合があります。

4

（出所：「令和元年度補正ものづくり・商業・サービス生産性向上促進補助金」【電子申請システム操作マニュアル】）

⑵　電子申請の入力項目確認

電子申請は、「A. 応募者のプロフィール（事業計画書）」、「B. 添付書類」の2つの部分に分かれている。

このうち、「A. 応募者のプロフィール」には直接入力を行う。まず、具体的にどのような項目の入力が必要なのか【参考様式1】（グローバル展開型は【参考様式2】）で詳細を事前に確認し、入力項目の下書きを作成しておくと効率的に入力できる。

入力する項目としては、応募者の概要（名称、株主・役員一覧、経営状況等）、補助事業内容（事業計画名、事業概要等）、事業の具体的内容、経費明細表、資金調達内訳などである。

なお、主な内容審査の対象となる事業計画書本文にあたる「事業の具体的な内容・その1、その2」及び「その3」の「会社全体の事業計画の算出根拠」は、直接入力ではなく、添付書類として別途作成することになっている。

また、該当する場合に入力を要する項目がいくつか定められている。このうち、特に「その他加点項目」に該当する場合は、審査上で確実に加点されるよう漏れなく入力し、別途証拠書類の添付を忘れないようにしたい。

「A. 応募者のプロフィール」（事業計画書）の入力項目概要

【申請での主な必須入力項目】

項目	主な入力内容
応募者の概要 1	事業形態、商号又は名称、所在地、電話番号等
応募者の概要 2（経営状況）	
株主等一覧表 役員一覧表 経営状況表	氏名、住所、出資比率等 氏名、生年月日、性別 直近 2 期決算の売上高、経常利益、当期純利益
事業内容	
事業計画名 事業計画の概要 事業分野	名称（30 字程度）、対象業種 概要（100 字程度）、機械装置の名称 4 分野から選択、背景の技術分野等の該当項目選択
補助事業の具体的な内容	
その 1：補助事業の具体的取組内容 その 2：将来展望 その 3：会社全体の事業計画※ 事業場内最低賃金目標	→添付書類として別途作成 →添付書類として別途作成 3～5 年の損益計画、付加価値額、設備投資額等の計数計画（算定根拠は添付書類として別途作成） 地域別最低賃金より＋○円以上
経費明細表	事業に要する経費（税込み）、補助対象経費（税抜き）、補助金交付申請額等
資金調達内訳	事業に要する経費、資金の調達先、補助金の交付を受けるまでの資金

【該当する場合の入力項目】

項目	主な入力内容
クラウドファンディングの活用実績	補助事業に関連する実績ある場合、URL
環境に配慮したビジネス（100字程度）	環境に配慮したビジネスに取り組んでいる場合
実績説明（これまでの補助金等交付実績）	事業名称および事業概要、事業主体、実施期間、補助金額・委託額、テーマ名、本事業との相違点等
事業計画書作成支援	作成支援者名、同連絡先、作成支援報酬（予定）額、契約期間等
その他加点項目	①成長性加点、②政策加点、③災害等加点、④賃上げ加点
労働者名簿	小規模企業者・小規模事業者の場合、氏名、生年月日、雇い入れ年月日等

（出所：「令和元年度補正ものづくり・商業・サービス生産性向上促進補助金」【電子申請システム操作マニュアル】より作成）

この部分の作成は別途時間をかけて行う必要がある。

「その3　会社全体の事業計画」については、3～5年間の計数計画として、会社全体の売上高、経常利益、付加価値額、設備投資額、給与支給総額、伸び率などの主要数値を直接入力することになっているが、ここではそのもとになる内訳詳細や算定根拠を別途作成してPDFファイルで添付する。

⑷　加点項目の添付書類

審査上の加点を希望する場合には、加点項目ごとに定められた要件充足の証拠書類をPDFファイルで添付する。

このうち、経営革新計画などの法律認定計画の取得に関する書類の場合は、申請締切日時点で認定（承認）を受けた計画期間が終了していないとき、又はそれぞれ指定された経済産業局・都道府県等に電子申請済み又は申請書を郵送済み（締切日の消印有効）のときのみ加点対象となる。

このように法律認定計画の取得を申請中の場合には、採択発表後の交付申請時点までに認定通知書等を提出することになっている。

【加点項目の必要添付書類】

加点項目	必要書類
成長性加点	経営革新計画承認書（該当計画の写しを含む）(注)
政策加点	開業届又は履歴事項全部証明書（創業・第二創業の場合）
災害加点	（連携）事業継続力強化計画認定書（該当計画の写しを含む）(注)
賃上げ加点	特定適用事業所該当通知書（被用者保険の適用拡大の場合）

（注）　申請締切日時点で認定（承認）を受けた計画期間が終了していない場合又は、それぞれ指定された経済産業局・都道府県等に申請書を郵送済みの場合は加点対象となる。「申請中」の場合、認定（承認）後に速やかに認定（承認）通知書の写しおよび認定を取得した当該計画の写しの提出が必要。

（出所：令和元年度補正ものづくり・商業・サービス生産性向上促進補助金 公募要領より抜粋）

2　電子申請の入力と送信

(1)　電子申請の入力・登録

電子申請は、「電子申請システム操作マニュアル」にしたがって、直接入力とPDF添付を行う。それぞれの項目ごとに、一時保存が可能である。

項目ごとに入力内容を確認し、「登録」ボタンのクリックで項目ごとの入力が完了する。

また、添付するPDFファイルの作成にあたって、「添付書類ファイル名確認シート」にしたがって定められた形式のファイル名となっているか確認し、添付登録を行う。

(2)　電子申請の送信

①　電子申請の受付締切

電子申請では、申請期限が年月日だけでなく、締切当日の時刻まで定められる。締切間際に申請せざるを得ない場合は、期限の時刻までに確実に申請実行を完了できるよう、時刻をよく確認しておかなくてはならない。

できるだけ公募期間の締切間際ではなく、数日前を目標として準備し、万一何らかのトラブルがあったとしても間に合うようにするべきだろう。

②　申請の送信完了

入力と必要書類の添付がすべて完了したら、「申請」ボタンによって申請内容の送信を行うが、一度送信した内容はすぐには変更できないので慎重に行う必要がある。

申請が送信され、完了すると、電子申請システムの画面上で受付番号が表示されるので、事務局への問い合わせ連絡のために保存しておく。

③　申請完了後の修正

申請完了後、応募締切期限までの間に申請済みの内容を修正する必要が生じた場合は、ものづくり補助金事務局へ連絡し、申請案件の返却を受ければ申請済み内容の修正が可能となる。

その後、事務局から送られた電子メールに表示された再申請期限までに申請内容を修正し、再度申請を行う。再申請期限までに再申請が完了しなかった場合、理由を問わず申請自体がなかったものとなるので、注意したい。

【添付書類ファイル名確認シート】

＜添付書類　ファイル名確認シート＞

分類番号	提出（添付）書類	ファイル名
1．	事業計画書 その１：補助事業の具体的取組内容 その２：将来の展望 その３：事業計画における付加価値額等の算出根拠	事業計画書（事業者名）
2．	賃金引上げ計画の表明書【様式１】	賃上げ表明書（事業者名）
3．	決算書等	【法人の場合】 第○期決算書等（事業者名） ※１期分の決算書類を１ファイルにまとめて添付してください。 【設立後間もないため決算書の提出ができない法人】 設立事業計画書等（事業者名） 【個人事業主の場合】 確定申告書等（事業者名）
4．	海外事業の準備状況を示す書類 （グローバル展開型のみ）	海外展開準備書類（事業者名）
5．	【成長性加点】 経営革新計画承認書等	経営革新計画（事業者名）
6．	【政策加点】 開業届　又は 履歴事項全部証明書	【法人の場合】 履歴事項全部証明書（事業者名） 【個人の場合】 開業届（事業者名）
7．	【災害等加点】 事業継続力強化計画認定書　又は 連携事業継続力強化計画認定書 （申請中であれば計画書の写し）	事業継続力強化計画（事業者名） 連携事業継続力強化計画（事業者名）
8．	【賃上げ加点等】 特定適用事業所該当通知書	特定適用事業所該当通知書（事業者名）

※　一般型の全事業者必須の提出書類点数は、３点

※　加点のために必要な書類点数は、４点

（出所：「令和元年度補正・令和２年度補正ものづくり・商業・サービス生産性向上促進補助金」公募要領（6次締切分））

Ⅱ　事業計画書作成のポイント

ここでは、申請書類のうち、内容審査の主な対象となる点で最も重要な事業計画書の作成に関して全般的な留意点について解説する。

ものづくり補助金の採択／不採択は、形式的な要件充足は当然として、実質的には事業計画書の内容次第で決まる。審査で評価される事業計画書作成のためには審査項目を踏まえ、必要な項目を漏らさず、具体的に書くことがポイントとなる。

1　事業計画書の重要性

申請書類の中で最も重要で実質的な審査の対象になる部分が事業計画書である。事業者の業歴や業種、対象事業の事業実施時期などの要件は、形式上合致していれば不採択にはならない。

一方、事業計画書の審査では内容に対する審査員の評価点数によって、採択／不採択が決まることになる。書類審査において事業計画書の内容次第で評価されるので、事業計画書に何をどう書くかが極めて重要である。

審査での評価は別としても、ものづくり補助金の対象事業は、そもそもこれから取り組む新しい事業なので、事業の成功へ向けて事業計画を具体的に練ることは必要なことである。

【事業計画書作成のポイント】

・　補助事業に対する経営者の強い想いが伝わるストーリーがあるか
・　補助事業に取り組む動機・きっかけ、目的、背景・経緯が明確か
・　数字や固有名詞を要所で使うなど計画の具体性が十分あるか
・　第三者の評価や意見、事実などをもとにした客観性があるか
・　抽象的な表現、あいまいな表現、不明確な記述が多くないか
・　審査ポイントである革新性、実現性、収益性などの点で評価できる要素が具体的に書かれているか

【事業計画書作成の留意点】

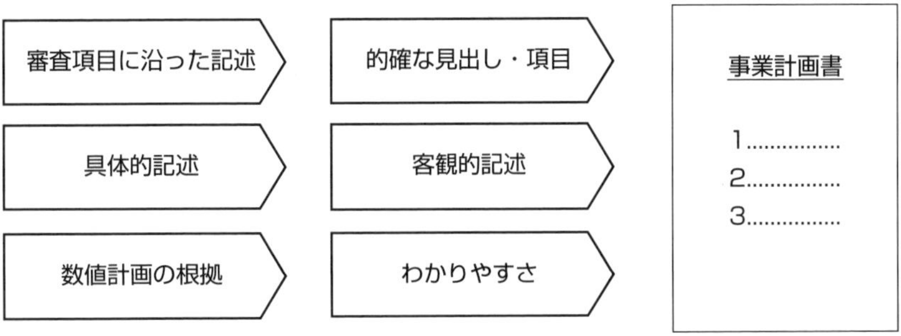

2　事業計画書作成の留意点

(1)　審査項目に沿った記述

まず、審査項目に沿って必要な項目を漏れなく記述することが重要である。

公募要領でも、「応募申請にかかる留意点」の中で、「事業計画書の具体的な取組内容については、審査項目をよく読んで作成してください」と、わざわざ書かれている。

ものづくり補助金では、公募要領に審査項目が明確に記載されている。特に事業計画書の本文に対する審査項目である「技術面」、「事業化面」、「政策面」の3項目を十分意識し、それに沿って評価される内容を事業計画書に盛り込むことが最大のポイントである。

また、特に技術面、事業化面で重要な点は、対象事業における製品・サービスの革新性、実現性、収益性などである。審査項目に示された要素が評価されるようできるだけ具体的に記載する。

(2)　的確な項目・見出しの設定

実質的な審査対象となる事業計画書の「事業内容」のうち、「補助事業の具体的な内容」に記載する項目は「その1：補助事業の具体的な取組内容」「その2：将来の展望（事業化に向けて想定している市場及び期待される効の信頼性は高まる。

いいかえると、単なる「手前味噌」ではなく、「事実やデータに基づいて論理的に」、あるいは「第三者の公平で冷静な評価」などの視点から説明するということである。そのように記述することで事業計画書の説得力を高めることができる。

例えば、単に「他社製品よりも性能が優れている」というだけでは客観性はない。具体的に「1時間あたりの処理量が1.5倍」であるとか、「公設試験研究機関○○の検査によると従来の10分の1の精度での加工が可能」などと、第三者の視点や客観的事実やデータを記載する。

事業計画書を常に客観性を意識して書くことで、経営者自身の思いこみによる事業の失敗を防ぐ効果も期待できる。

⑸　数値計画の根拠明示

「補助事業の具体的な内容」の「その3 会社全体の事業計画」では、売上高、営業利益、付加価値額などの数値計画を入力する。ここでは、様式にある全体としての数字だけでなく、その内訳・根拠を示すことがポイントである。それによって、計画の具体性を示すことができる。

例えば、売上高計画の前提根拠として、製品・サービスの単価、顧客数、販売数量や、販売ルート別（例；WEB直販と代理店経由）などの内訳を示すことで計画の信ぴょう性が高まり、実現性も評価されやすくなる。

また、「会社全体の事業計画」の様式では決算年度ごとの年間数値を示せば良いが、その内訳根拠として月次計画を示すことも有効だ。これら数値計画の詳細な根拠は補足資料として電子申請の「提出書類の添付」の方法で添付する。公募要領にもその旨書かれている。

⑹　読み手にとってのわかりやすさ

事業計画書が正しく評価されるには、審査員の立場に立って書かれていることが求められる。審査員による事業計画書の書類審査は1日に数十件以上に上る場合もあるといわれる。また、審査員はもともと事業計画書を読むのには慣れているとはいえ、個々の事業や技術などの専門家ではない。

したがって、専門用語はなるべく避け、簡潔な文章表現を心がけるなど読み手の立場に立った書き方が大切だ。当然ながら、わかりにくいとそれだけでマイナス評価になりかねない。

また、わかりにくい事業計画書は、そもそも不明確な点が多い計画だといえる。事業構想自体の具体化、ブラッシュアップが必要である。

わかりやすい文書を書くコツとしては以下のような点が挙げられる。

【読みやすく、わかりやすく書くコツ】

① 内容を具体的に示す適切な見出しをつける
② 回りくどい表現は避け、短く簡潔な文章にする
③ 先に結論を示し、その後で理由や背景などを説明する
④ なるべく数字や固有名詞を使って具体的に書く
⑤ 客観的事実と感想、意見、予測などは区別して書く
⑥ データや文章などの引用は出所を明示する
⑦ 文だけでなく、図表や写真、イラスト、箇条書きを用いる
⑧ 専門用語はなるべく避け、使う場合には注（説明）をつける

3　事業計画書「審査項目」の理解

(1)　審査項目の確認と理解

① 補助対象事業の適格性

ものづくり補助金では審査項目が公募要領に具体的に書かれているので、事業計画書作成にあたって必ずよく読み、理解しておく。

審査項目として公募要領に書かれているのは、「補助対象事業としての適格性」、「技術面」、「事業化面」、「政策面」、「加点項目」の大きく５項目である。

このうち、適格性については、公募要領で別途、「補助対象事業の要件」として示されている。要件を満たしていない場合には、それだけで不採択となるので注意を要する（第２章参照）。

② 審査上の加点項目

また、審査における加点項目として、経営革新計画などの法律認定の取得や一定以上の賃上げに取り組む企業などが定められている（第2章参照）。これらの形式要件を満たせば審査において点数が加算される。加点項目は公募ごとに変更になることが多いので、最新の公募要領で確認する。

このうち定められた種類の法律認定計画は、認定取得には時間と労力がかかり、公募要領で定められた有効な期間の認定であるなどの制限もある。だが、認定計画の内容は、ものづくり補助金の補助対象事業と重なる部分も多い。計画要件の充足で確実に加点されるので、できる限り加点対象の法律認定計画を申請して取得したい。

③ 事業計画書の定性的審査項目

適格性と加点項目を別とすると、事業計画書の内容に対する定性的評価による審査項目は、技術面、事業化面、政策面の大きく３項目である。

特に重要な技術面と事業化面の審査項目に共通するポイントは下記の通り、実現性、革新性、収益性などである。対象事業がこれらのポイントを満たしていることを事業計画書の中で具体的に説明したい。

事業計画書に審査項目に関することが全く書いていないと、その分の評価点が入らない。書類審査では書いていないことは全く評価されないので、とにかく、審査項目にもとづいて漏れの無いように記載する。

なお、数値目標として「3〜5年計画で「付加価値額」年率平均３％以上増加」や「給与支給総額を年率平均1.5％以上増加」などの、定量的目標がある。少なくとも計画数値では必達となっている。「会社全体の事業計画」で、補助事業の事業化による効果を数値計画として記載する際に、この要件を満たせる数字とその根拠も示す必要がある。

【審査項目の確認と理解】

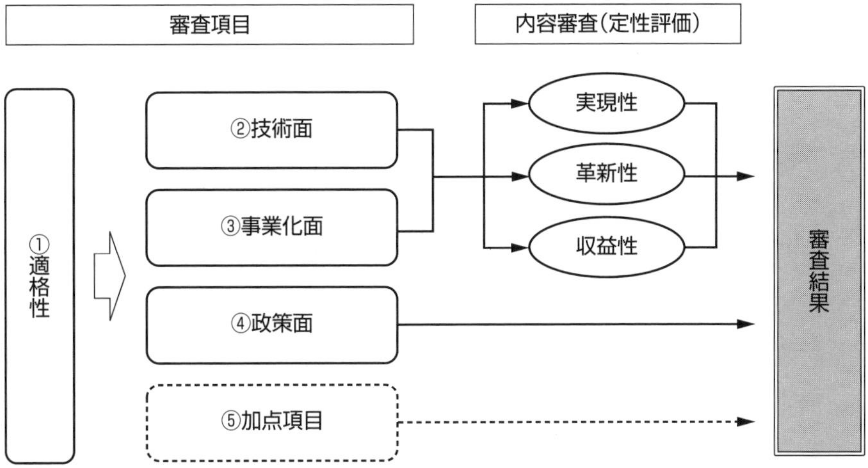

(2) 実現性評価の視点

新しい製品・サービスの開発などの補助対象事業が、実際に実現できないと採択しても補助金自体が無駄になってしまう。そこで、事業化まで含めて対象事業が確実に実現できるかどうか実現性が第一に重要な審査ポイントである。

実現性が具体的にどのような観点から評価されるかというと、例えば以下のような諸点である。技術面の課題が明確で、計画の実施能力も認められ、実施体制やスケジュールが具体的に計画されているかどうかが評価される。

【実現性評価の観点】

① 経営者の経験や既存事業実績から技術面での実施能力があるか
② 製品・サービス開発に向けた技術面の課題が明確になっているか
③ 既存事業の実績や保有技術が活かされる事業か
④ 社内での実施体制が具体的に計画されているか
⑤ 事業化へ向けたスケジュールが示されているか
⑥ 事業化後の販売経路や営業方法が計画されているか
⑦ 仕入先、提携先などの事業パートナーや協力者が計画されているか

⑶ 革新性評価の視点

一般に補助金の対象としてふさわしい事業は、既存のありきたりの事業ではなく、これまでにない新しい要素が認められることが大前提である。ものづくり補助金の対象としても、そのような新規性、革新性のある事業が評価される。

したがって、審査上も対象事業で開発を行う製品・サービス、生産・提供プロセス改善の革新性も重要な審査ポイントだ。

革新性とは、単に新しいだけではなく、既存の製品・サービスと差別化され、機能、性能、価格などで優位性が認められるということである。

単なる既存設備の更新や既存事業の延長ではなく、従来の技術や方式、しくみと異なる優れた考え方の製品やサービスなど革新性が高い事業を生み出す設備投資ほど補助金対象とする意義があり、審査でも高く評価される。

【革新性評価の視点】

① 同じような製品・サービスが他でも一般的に行われていないか
② 類似する他社の事業、製品・サービスとの違いが明確になっているか
③ 従来技術、製品、事業で解決できなかった課題を解決できるものか
④ どのような点で既存の技術、製品・サービスと異なる優位性があるか
⑤ 事業化の実現でどのような新しい価値が提供される事業か

⑷ 収益性評価の視点

製品・サービスの開発に成功し、事業化が実現できたとしても、十分な市場の需要や顧客のニーズが見込め、収益を確保し黒字化できなければ、事業は継続できない。本来の目的である最終的な事業化の成功が求められる。

製品・サービスの発売や提供開始ができて、その事業が継続できなくなれば、補助金の意義が薄れてしまうので、審査上でも収益性が評価項目になっている。

【作成する図表等の例】

項　目	形　式	内　容
実施体制	組織図	社内全体、補助事業責任者、開発担当、事務担当
担当者プロフィール	表	担当業務、氏名、職位、年齢、保有資格など
パートナー企業リスト	表	仕入先、外注先、販売先、技術協力先など
機械装置リスト	表、写真	種類、機種、仕様、性能、用途、価格など
製品開発工程	フロー図、イラスト	企画設計、設備導入、試作品開発、テスト等の手順
開発スケジュール	ガントチャート	企画設計、設備導入、試作開発、テスト等の実施時期
ビジネスモデル	関係図	自社、仕入先、外注先、販売先、エンドユーザーなど

② 損益計画（業績計画）の書式作成

事業計画書の「その3：会社全体の事業計画」に記載する損益計画（業績計画）を作成するためのもとになる書式を用意する。ものづくり補助金の申請に限らず、事業計画書において損益計画（業績計画）などの数値計画も重要な部分なので、その書式を作成しておく。

損益計画は、前提条件を変えたりしながら何度も修正しつつ作成することが必要なため、Excelなどの表計算ソフトで損益計算書の項目をベースにして作成する。

【損益計画（業績計画）の書式例】

	2019/3期 実績	2020/3期 第1期計画	前期比 増減	2021/3期 第2期計画	前期比 増減	2024/3期 第5期計画	前期比 増減
売上高①+②	0	0	0	0		0	0
① 既存事業			0				0
② 新規事業 a×b			0				0
a 同上販売個数							
b 同上平均単価							
仕入高（既存）40％			0			0	0
※ 減価償却費（既存）							
製造原価（既存）10％							
原材料単価							
※ 設備減価償却費							
売上原価	0	0	0	0		0	0
売上総利益	0	0	0	0		0	0
販売費一般管理費	0	0	0	0		0	0
役員報酬			0				0
給与手当・賞与			0				0
法定福利費			0				0
旅費交通費			0				0
※ 減価償却費			0				0
賃借料			0				0
地代家賃			0				0
水道光熱費			0				0
消耗品費			0				0
支払手数料			0				0
その他			0				0
特許費用			0				0
営業利益	0	0	0	0		0	0
営業外収益			0				0
営業外費用			0				0
経常利益	0	0	0	0		0	0
税引前当期利益	0	0	0	0		0	0
法人税等			0				0
当期利益	0	0	0	0		0	0

(4) 事業計画書本文の記載・入力

以上のような準備がすべて整っていれば、事業計画書の本文をスムーズに記入していくことができる。特に「事業内容：補助事業の具体的な内容」へ記載する見出しや項目、図表が先にできていると、説明の記入はとても楽になる。

損益計画（業績計画）については、電子申請で「その3：会社全体の事業計画」には主要な数値だけ入力するようになっている。売上高や費用の内訳・根拠も含めた詳細は補足資料として添付する。

「補助事業の具体的な内容（その1、その2）」については、必要な項目を網羅すると少なくとも5～6ページになる。この部分についても別紙として作成したものをPDFファイルで添付することになっている。

Ⅲ 事業計画書の項目別記載ポイント

事業計画書のうち、記載項目が具体的に書かれている「応募者の概要」などの部分は、指示通りに入力すれば良い。

ここでは、主に事業計画書の本文にあたる「補助事業の具体的な内容」の部分を中心に、審査で評価され採択を獲得する為の記載方法について、項目別にポイントを説明する。

1　事業計画名・概要・具体的内容の記載

(1)　「事業計画名」(30 字程度) の書き方

審査上も最初に読まれる部分で、審査員の第一印象に影響するので重要だ。この事業計画名を読んだだけで、事業の特色や目的が明確にわかるような、なるべく具体的でインパクトのある名称にしたい。この事業計画名は採択されると事業者名等とともに公表されるので、その点も意識して記載する。

実際の採択一覧で事業名を見てみると、次頁のように文字数は 20〜40 文字とバラつきがある。事業計画名については、それだけで採択結果が左右される訳ではないので、中には抽象的で事業内容がほとんどわからないものもある (事業計画名の例④、⑤など)。とはいえ、大半の例では具体的な名称となっている。

2 「補助事業の具体的な内容」の書き方

(1) 「補助事業の具体的な内容」の項目設定

事業計画書の本文にあたる「補助事業の具体的な内容」が主に内容の審査が行われる特に重要な部分になる。ここに何をどう書くかによって、採択の合否が決まるといっても過言ではない。

そこで、公募要領の「応募申請にかかる留意点」に記載されている注意事項をよく読み、具体的に記載する。

ただし、「事業計画書」の様式の欄で示されている項目は、「その1：補助事業の具体的取組内容」、「その2：将来の展望」の大項目だけである。

そこで、項目や見出しを自分で考える必要があり、この見出しを的確に作成することが重要になる。「留意点」に加え、「審査項目」を意識して作成する。

(2) 「その1：補助事業の具体的な取組内容」の記載項目

公募要領に示された記載の留意点に沿って、この欄への記載項目を考える。どのような設備投資等によって、どのように製品・サービスの開発や生産・提供プロセスの改善を行うのかを記載項目としてブレイクダウンする。

この点に加え、同様に公募要領に書かれている「審査項目」を踏まえて考えるのがポイントである。特に、自社の既存事業の内容、今回補助事業への取組みの経緯（背景や動機、きっかけ）についても漏れなく記載したい。

ただし、審査上でも正しく評価されるように、補助事業が既存事業の単なる延長ではなく、新しい事業である点を明確に示す。既存事業から発展した事業の場合も多いはずなので、従来との違いについて記載項目を設けると良い。

【「その１：補助事業の具体的取組内容」に関する留意点】

その１：補助事業の具体的取組内容

① 本事業の目的・手段について、今までの自社での取組みの経緯・内容をはじめ、今回の補助事業で機械装置等を取得しなければならない必要性を示してください。また、課題を解決するため、不可欠な工程ごとの開発内容、材料や機械装置等を明確にしながら、具体的な目標及びその具体的な達成手段を記載してください（必要に応じて図表や写真等を用い具体的かつ詳細に記載してください）。

事業期間内に投資する機械装置等の型番、取得時期や技術の導入時期についての詳細なスケジュールの記載が必要となります。

② 応募申請する事業分野（「試作品開発・生産プロセス改善」又は「サービス開発・新提供方式導入」）に応じて、事業計画と「中小企業の特定ものづくり基盤技術の高度化に関する指針」又は「中小サービス事業者の生産性向上のためのガイドライン」との関連性を説明してください。

③ 本事業を行うことによって、どのように他者と差別化し競争力強化が実現するかについて、その方法や仕組み、実施体制など、具体的に説明してください。

（出所：「令和元年度補正・令和２年度補正ものづくり・商業・サービス生産性向上促進補助金」公募要領（6次締切分））

【その１：補助事業の具体的な取組内容」の記載項目例】

（１）対象事業の背景と内容

① 既存事業の特色・強み
② 対象事業の動機ときっかけ
③ 対象事業の目的と効果
（製品・サービスの開発内容、開発の目的、開発目標と効果等）
④ 対象事業の課題と解決策
（製品・サービスの開発の課題、方法、機械装置の仕様・用途、必要性等）

（２）技術面の特色と優位性

① 技術・ノウハウの特色
（技術・製品・サービスの革新性）
② 革新性、優位性、差別化要素
（既存事業との違い・革新性、類似製品・サービスとの差別化・優位性）
③ 開発実施体制、技術力

(3) 「その2：将来の展望」の記載項目

この欄には、開発後の事業化、つまり、製品・サービスとして販売・提供にあたっての計画を具体的に記載する。技術や製品・サービスの開発に成功したとしても、事業化によって実際に収益が上がらなければ事業の継続性はなく、補助金の意味もなくなるため、事業化成功の見通しが必要だ。

そこで、市場のニーズ、ターゲット顧客、類似する既存製品・サービスとの差別化要素、優位性なども含めた項目を設ける。

【「その2：将来の展望」に関する留意点】

その2：将来の展望（事業化に向けて想定している市場及び期待される効果）

① 本事業の成果が寄与すると想定している具体的なユーザー、マーケット及び市場規模等について、その成果の価格的・性能的な優位性・収益性や現在の市場規模も踏まえて記載してください。

② 本事業の成果の事業化見込みについて、目標となる時期・売上規模・量産化時の製品等の価格等について簡潔に記載してください。

③ 必要に応じて図表や写真等を用い、具体的かつ詳細に記載してください。

（出所：「令和元年度補正・令和2年度補正ものづくり・商業・サービス生産性向上促進補助金」公募要領（6次締切分））

【「その2：将来の展望」の記載項目例】

（1）対象市場および顧客ターゲット

① 対象市場規模および市場動向
（市場規模推計、類似製品・サービスの市場規模、市場成長性等）

② 顧客ニーズの存在
（市場・顧客ニーズの内容、見込み顧客の存在、既存顧客からの引合等）

③ ターゲット顧客の絞込み
（BtoB事業：業種、規模、業歴、地域、経営者の属性等）
（BtoC事業：年令、性別、年収、居住地域、その他属性等）

（2）事業全体のしくみ

① 事業化の全体像（ビジネスモデル）
（提供価値、製品・サービス提供方法、仕入・生産・販売、収入・費用の流れ等）

② 性能・価格面の優位性
③ 販売経路・販売方法

（３）事業化の実施体制とスケジュール

① 社内実施体制（購買、生産、営業・販売体制）
② 社外の事業パートナー（技術協力先、仕入先、外注先）
③ 事業化スケジュール（機械装置取得、設備・システム構築、技術導入時期）
④ リスクと対応策（想定されるリスクと対応策）

（４）事業化による政策面の効果

① 地域経済と雇用支援効果
② 経営資源の蓄積

3 「その1：補助事業の具体的な取組内容」内容記載のポイント

(1) 対象事業の背景と内容

① 既存事業の特色・強み

審査では、会社概要や決算書、ホームページをもとに企業自体や既存事業についても評価される。補助対象の新しい事業を行うには、補助金に採択されたとしても自己資金も必要である。したがって、財務面も含めて既存事業の営業基盤が安定している企業の方が補助事業の実現性が高いとみられる。

とはいえ、既存事業の内容、製品・サービスの詳細や強み、主要顧客など会社概要や決算書だけでは十分読み取れない部分もある。そこで、既存事業や経営者自身についても、特に下記のような内容について、事業計画書の最初に簡潔にまとめて記載しておくと、審査上でも理解・評価されやすい。

【既存事業についての記載項目例】

① **既存事業の概要**（業種、事業内容、主要製品、主要取引先、沿革等）
② **経営理念、経営ビジョン**（創業経緯、事業目的、将来の目標等）
③ **経営者**（経歴・職歴、保有資格、業務実績等）

② 対象事業の動機・きっかけ・経緯

対象事業に新たに取り組もうとする背景や目的は、補助金の審査員としても最初に見るポイントになる。なぜその企業や経営者がその事業を行うのか、その能力・資質はあるのかという点も実現性評価の点で重要な審査ポイントの1つである。

既存事業の技術・ノウハウや経営者の経験を活かせる事業であれば、動機や背景は理解されやすく、実現性も評価されやすいので、その点を明記する。

ただし、既存事業の単なる改善や改良に留まる事業だとすると、革新性の点では評価が低くなる。したがって、補助金対象事業について、既存事業の延長ではなく新たに行うものであることの説明が必要であり、既存事業との違いを明確に記載することが重要となる。

逆に、補助対象事業が既存の事業や技術と関連性が薄い場合にも、その背景や経緯について十分な説明がないと実現性の点で評価されにくい。

③ 対象事業の目的と効果

対象事業である製品・サービスの開発内容とその目的を明確に記載する。当然ながら、ものづくり補助金の趣旨に対象事業の内容がマッチしていることが大前提になる。

補助事業の目的には、その事業を通じた自社にとっての売上拡大、収益性向上、付加価値拡大の側面がある。それだけでなく、自社の顧客にとっての何らかの課題解決という側面がないと事業は成り立たない。自社にとっての成長や利益追求の目的も重要だが、顧客やユーザーの視点も同様に大切だ。

さらには、雇用の創出、地域経済活性化、環境への配慮などの側面で効果がある事業といえるならば、政策面でも評価されやすい。

対象事業の目的達成は事業の効果とも言いかえることができる。どちらにしても、事業計画書の最初に何のための事業なのかを記載することで、ものづくり補助金の趣旨に十分マッチした事業であることを明確に示す。

④ 対象事業の課題と解決策

対象事業の目的達成のために解決すべき技術的課題を明確にし、課題解決のために補助事業で行う機械装置やシステム導入の必要性を具体的に示すことが重要である。そのうえで、工程ごとの開発内容、材料や機械装置等を明確にしながら具体的な目標と達成手段を記載することが求められている。

また、応募申請する事業分野が「試作品開発・生産プロセス改善」の場合は、事業計画と「中小企業の特定ものづくり基盤技術の高度化に関する指針」との関連性を説明する必要がある。

事業分野が「サービス開発・新提供方式導入」の場合には、同様に「中小サービス事業者の生産性向上のためのガイドライン」との関連性を記載することとされている。

以上のように、対象事業の実現のために何が重要な技術的課題で、その解決のために、機械装置等を具体的にどのように用いるのかという観点で事業内容を説明することがポイントになる。

さらに、どのような手順で試作品やサービスの開発を行うのか、あるいは生産プロセス改善やサービスの新提供方式導入を行うのか、機械装置等の種類や仕様と導入のタイミングなどスケジュールも合わせて具体的に示す。それらの点が明確に書かれているかどうか審査上でも評価されることになる。

⑵ 技術面の特色と優位性

① 技術・ノウハウの特色

ものづくり補助金において審査の重要ポイントになる製品・サービスの革新性、新規性の背景には、技術やノウハウの裏付けがあるはずであり、その点を明確に記載することが不可欠である。

対象事業の優位性、差別化要素の源泉となる技術・ノウハウの特色については、専門的な内容になる場合が多い。そこで、部外者である審査員向けである事業計画書には、図表や写真なども使い、専門用語には説明を加え、わかりやすく記載することがポイントになる。

② 事業の革新性、優位性、差別化要素

既存事業との違いや革新性、類似製品・サービスとの差別化要素や優位性

いて記載できると良い。

「その1：補助事業の具体的な取組内容」の項目で、技術面での優位性、差別化要素を記載するので、一部重複するが、ここでは、製品・サービスとしての費用対効果、コストパフォーマンスでの優位性を記載する。

そのためには、事業化段階での生産コストやシステム費用をもとにした製品・サービスの単価を示す必要もある。

【他社製品との比較表の例】

機能・性能	当社製品		A社製品		B社製品	
技術方式	○○方式		××方式		××方式	
製品重量	△	9,860g	◎	8,500g	○	9,300g
消費電力	◎	586KWH	○	750KWH	△	890KWH
耐熱温度	○	800℃	△	650℃	△	700℃
耐久性能	◎	優	○	良	○	良
微細加工	○	0.01μ	△	0.03μ	○	0.01μ
特殊加工	○	可	×	不可	×	不可
標準価格	○	350,000	◎	320,000	×	400,000

③ 販売経路・販売方法

どのような販売経路や販売方法で製品・サービスを提供するのかという点についても、事業化段階での計画として記載する。一般個人向けのBtoC事業であれば、リアルの店舗又はネット通販等での販売が中心になるだろう。

法人向けのBtoB事業の場合には、自社直販営業の他に代理店販売などいくつかの方法がある。また、法人向けでもホームページなどWEBでの受注やネット販売もある。どんな方法で販売するのか対象事業のターゲット顧客にマッチした販売ルート、販売方法をできるだけ具体的に記載することで、事業化段階での実現性の評価に繋がる。

自社直販と代理店販売とではそれぞれ以下のようなメリット、デメリットがある。ケースによっては両方を併用することも可能だ。他にも異業種交流会などを通じた紹介営業、成果報酬型の営業代行サービスの利用なども考えられる。

【直販と代理店販売の比較】

	メリット	デメリット
自社直販	・粗利益率が高い ・エンドユーザーの情報、ニーズが直接入手できる	・商圏のカバーに限界がある ・拡販のスピードで劣る ・自社での在庫負担がある
代理店販売	・拡販スピード速い ・信用補完としての効果がある ・代理店側の在庫負担	・直販より粗利益率低い ・エンドユーザーの情報が入手がしにくい

④ 販売計画

事業化の成果として、販売計画を作成する。年度ごとの販売数量、価格、売上高の計画を表で示すと良い。損益計画（業績計画）で計画する会社全体の売上高にも見込んでおく。

また、製品・サービスの販売・提供開始時期の計画を示す事業化のスケジュールと矛盾しないように補助事業の事業化による売上高を計画する。具体的には以下の例のような簡単な表で示すとわかりやすい。

【販売計画の記載例（法人向け受注型事業）】

（単位：千円）

販売先	単価	2020/3 期		2021/3 期		2022/3 期		2023/3 期	
		件数	金額	件数	金額	件数	金額	件数	金額
製造業（小型）	1,000	3	9,000	6	18,000	9	27,000	15	45,000
製造業（大型）	10,000					1	3,000	2	6,000
物流・倉庫業	3,000			1	0	1	0	2	0
不動産・建設業	3,000							1	0
合計		3	9,000	7	18,000	11	30,000	20	51,000

⑤ 広告宣伝・販売促進

事業が最終的に成功するには、顧客やユーザーを集めるための営業活動、広告宣伝や販売促進策が必要だ。事業計画書にもそこまで考えて書くことで事業化の実現性や継続性への評価が高まる。

具体的な広告宣伝方法としては、広告媒体への掲出の他、看板、チラシ、ダイレクトメールなどがある。

また、法人向け BtoB 事業などでは展示会への出展も有効な方法だ。特定の業界やテーマごとに様々な展示会があるので、その中から対象事業の製品・サービスに適したものを調べて計画に入れると良い。ものづくり補助金採択企業だけが特典として基本料無料で出展できる「中小企業新ものづくり・新サービス展」などの展示会もあるので計画しておきたい。

費用がかからない販売促進方法としてはパブリシティ、SNS（ソーシャル・ネットワーク・サービス）を活用した情報発信がある。

(3) 事業化の実施体制

① 社内実施体制（購買、生産、営業・販売体制）

対象事業の実施体制についての説明も、計画の実現性を評価するうえで重要な部分になる。社内の組織や要員について、経験や能力から対象事業の実施能力が認められるよう具体的に記載する。

社内においては経営者も含め、どのような部署のどのような社員が担当するのかという点だ。対象事業の実施にあたってふさわしい経験や能力があることが説明できると良い。対象事業を行う人員や組織上の位置づけも記載する。

そこで、経営者をはじめ対象事業の担当者についても経歴や担当職務、経験年数、保有資格などを具体的に記載すると良い。

【社内の事業化実施体制の記載例】

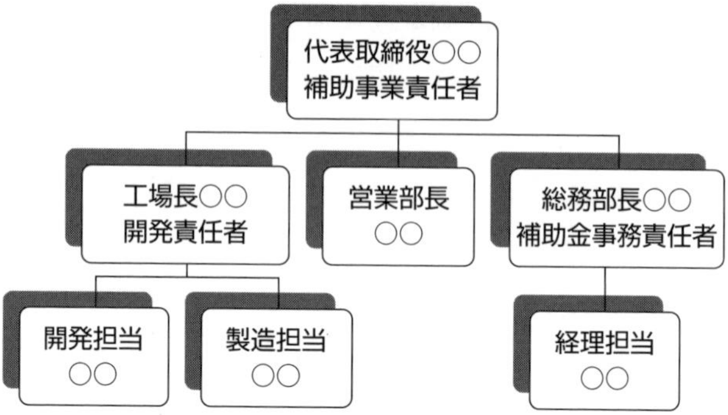

② 仕入先・外注先

仕入先、外注先など事業に必要な原材料や部品の仕入先、作業の外注先などの取引先についても、少なくとも候補先とその発注方法、仕入方法などもなるべく具体的に計画として記載する。

既存の取引先に依存できる場合などは、その旨を記載する。対象事業を実際に進めるには、このような取引先がカギになる場合もあるので、漏れなく記載するようにしたい。

⑷ 事業化スケジュール

事業計画書には、対象事業の補助対象となる事業期間だけでなく、その後の事業化段階も含めたスケジュールも記載する。技術開発から試作品開発が対象事業の場合には、特に事業化まで時間がかかる場合も考えられるので、その後の事業化準備段階のスケジュール化も必要だ。

製品の発売、サービスの提供開始まで行けばとりあえず事業化に達する。ただし、ビジネスとして成り立ち、その後も継続的に収益を上げられなければ、最終的な目的は達成できない。

スケジュールは試作品完成や製品発売などの予定年月を示す方法と、初年度、2年目など年度ごとにどこまで発展、展開させるのかを示す方法がある。

製品発売時期など販売計画や損益計画と矛盾しないように整合性をとって

記載する。具体的には、例えば下記のような図で示すとわかりやすい。

【事業化スケジュール記載例】

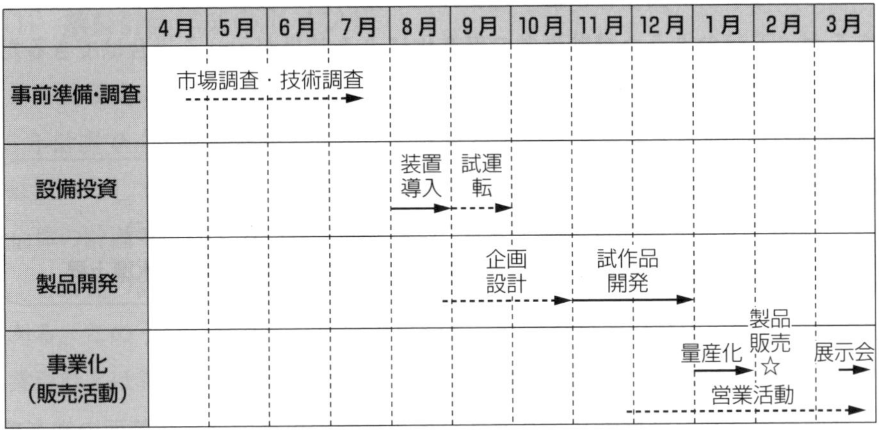

⑸ 事業化へのリスクと対応策

事業計画書において必須ではないが、事業化にあたって想定されるリスクとその対応策を記載してあれば有効だ。

技術開発によって新市場を開拓する事業の場合、自社の技術だけでは量産品開発までに時間がかかりすぎたり、大手企業が参入してきたりするなどのリスクがあるかもしれない。そのようなリスクをあらかじめ想定し、他のパートナー企業から技術面の協力を得たり、特許権などの知的所有権を確保したりするなどの対応策を考えておくことが求められる。

補助金対象事業のような新規事業にはリスクがつきものである。その点も想定したうえで対策も計画されていれば、審査上もプラスに評価されやすいといえる。

⑹ 事業化による政策面の効果

① 地域経済と雇用支援効果

ものづくり補助金は国の中小企業政策の一環で行われるものである。その

【「その３：会社全体の事業計画」の入力項目】

（単位：円）

	基準年度 ［年月期］	１年後 ［年月期］	２年後 ［年月期］	３年後 ［年月期］	４年後 ［年月期］	５年後 ［年月期］
①売上高						
②営業利益						
③経常利益						
④人件費						
⑤減価償却費						
付加価値額 （②＋④＋⑤）						
伸び率（％）						
⑥設備投資額						
⑦給与支給総額						
伸び率（％）						

（出所：「令和元年度補正・令和２年度補正ものづくり・商業・サービス生産性向上促進補助金」【参考様式1】）

【「その３：会社全体の事業計画」に関する留意点】

その３：会社全体の事業計画

①　会社全体の事業計画（表）における「付加価値額」や「給与支給総額」等の算出について、数字の算出根拠を記載してください。

②　本事業計画（表）で示した数値は、補助事業終了後も、事業化状況等報告等において伸び率の達成状況の確認を行います。

（出所：「令和元年度補正・令和２年度補正ものづくり・商業・サービス生産性向上促進補助金」公募要領（６次締切分））

(2)　全体損益計画の作成手順

作成にあたっての注意点としては、少なくとも売上高については補助対象事業とそれ以外の既存事業とは区別して作成することである。補助対象事業の効果を明確に示すことができ、内訳根拠としても必要である。そのうえで

【「経費明細表」（一般型）の入力項目】

（単位：円）

経費区分	**(A) 事業に要する経費**（税込みの額）	**(B) 補助対象経費**（税抜きの額）	**(C) 補助金交付申請額** ((B) 補助対象経費×補助率以内（税抜きの額）） (D) 補助率　／	**(E) 積算基礎** ((A) 事業に要する経費の内訳（機械装置名、単価×数量等）)
機械装置・システム構築費 （単価 50 万円以上）				
機械装置・システム構築費 （単価 50 万円未満）				
技術導入費(注2)				
専門家経費(注3)				
運搬費				
クラウドサービス利用費				
原材料費				
外注費(注3)				
知的財産権等関連経費(注2)				
広告宣伝・販売促進費(注4)				
合　計	(A)	(B)	(C)	

（注 1）　機械装置・システム構築費以外の経費は、総額で 1,000 万円（税抜き）までを補助上限額とします。
（注 2）　技術導入費及び知的財産権等関連経費は、それぞれ、補助対象経費総額の 3 分の 1 を上限額とします。
（注 3）　専門家経費及び外注費は、それぞれ、補助対象経費総額の 2 分の 1 を上限額とします。
（注 4）　広告宣伝・販売促進費は、低感染リスク型ビジネス枠のみ計上が可能で、補助対象経費総額の 3 分の 1 を限度とします。

（出所：「令和元年度補正・令和 2 年度補正ものづくり・商業・サービス生産性向上促進補助金」【参考様式 1】）

⑵ 「資金調達内訳」入力の留意点

ものづくり補助金に採択されても、実際に資金の交付を受けるまでには時間がかかる。補助金交付に先行して設備投資などを実行し、補助事業の計画にしたがって費用支出を行う。

そのため、採択された場合に最終的に補助金で賄える部分についても後払

第4章
採択発表以後の留意点

2　採択後手続きの手順と留意点

(1)　採択後手続きの手順

ものづくり補助金にめでたく採択されても、その後、最終的に補助金交付を受けるまでの手続きはかなり煩雑だ。事前に、事務手続き全体の流れを理解し、それぞれの期限などを全体のスケジュールを確認しておきたい。そのうえで、最後まで手続きに漏れや遅れのないように規定通りに行うことが重要である。

採択発表後、原則として事務手続きについての採択者向け説明会が開催され、採択者向けの「補助事業の手引き」が提示される。説明会には極力、経営者と実務担当者の２名で参加したい(注)。

採択者後の事務手続きの詳細はすべて「補助事業の手引き」に記載されているので、それにしたがって実施する。不明な点は、補助金事務局に対して問い合わせれば、ていねいに教えてもらえる。

採択者に対しては、期限までに手続きできない場合などを除いて、単純な書類不備だけで採択取消などになることは少ない。

採択者に対しては、できるだけ手続きが規定通り完了するように事務局でも個別のアドバイスを行っているので、不明な点や例外的ケースなどは早めに相談することが重要だ。

なお、令和元年度補正予算事業から、採択後の事務手続きも主に補助金電子申請システム「Jグランツ」を通じて行うこととされている。

(注)　新型コロナウイルス感染症対策のため、説明会は令和２年度以降中断されている。

【採択後手続きの手順・スケジュール（例)】

時　期	補助事業者	補助金事務局
令和3年 2月19日～3月4日	【事前着手承認事業者の場合は、事前着手承認日後に事業開始が可能です】	事前着手承認審査 ⇒通知（承認／不承認）
令和3年 2月下旬～	補助金交付申請書提出 ⇒ 【交付規程第6条・様式第1】 ※事前着手承認事業者の交付申請期限は令和3年3月20日(土)です	審　査 ⇓ 補助金交付決定 【交付規程第7条・様式第2】
	《交付決定後　事業の開始》 ※交付決定通知より前に支出した経費は補助対象外	
	補助事業遂行状況報告書提出 ⇒ 【交付規程第14条・様式第5】	確　認
	中　間　監　査	
【一般型】 交付決定後10ヶ月以内 ただし、最大 令和4年2月18日まで	事業完了期限 ※事業完了期限をすぎて支出した経費は補助対象外	
【グローバル展開型】 交付決定後12ヶ月以内 ただし、最大 令和4年4月18日まで	実績報告書提出期限 —会計書類・証拠書類の提出— 【交付規程第15条・様式第6】 ※事業完了後、早めの提出をお願いします	
	確　定　検　査	
		審　査 ⇓ 補助金額の確定 【交付規程第16条・様式第8】
	補助金精算払請求 【交付規程第17条・様式第9―2】 ※事業実施期間中に概算払を受けることもできます ⇒	補助金の支払
令和4年4月1日以降	事業化状況・知的財産権等報告書の提出（5年間計6回）	

（出所：「令和元年度補正・令和2年度補正ものづくり・商業・サービス生産性向上促進補助金　一般型」【補助事業の手引】（4次締切分））

⑵　交付申請手続きの留意点

採択発表後、まず始めに交付申請手続きを行う。交付申請書類は、補助対象経費で導入する機械装置の仕様や金額の最終見積書などの添付が必要だ。

機械装置・システム構築費以外の費目については、具体的な委託先やその正式な申請手続きをすることなく放置した場合には、その後新たにものづくり補助金への応募申請をしようとしても不適格となるので注意したい。

③ 災害等の発生

以上の他にも、台風、地震などの自然災害や火災などの事業者の責任によらない理由で事業を中止せざるを得なくなったり、事業期間内に完了できなくなったりした場合にも、「事故報告書」を提出することが定められている。

(4) 事業の完了と実績報告書提出

計画された機械装置の導入をはじめとした補助事業が終わり、すべての補助対象経費の支払いが完了したら、添付する証拠書類をまとめ、必要な提出書類とともに「補助事業実績報告書」を定められた期限までに作成・提出する。

【(様式第6の別紙1)「補助事業実績報告書」の項目】

1．事業計画名
2．事業実施期間
3．補助事業の主たる実施場所
4．実施した事業の概要とその成果（100文字程度）
5．事業類型
6．実施した補助事業の具体的内容とその成果
　(1) 実施した事業の内容および得られた成果
　(2) 購入した機械装置等
　(3) 試作品等の開発（設備投資だけでなく、試作開発等を行った場合の内容）
　(4) 導入した技術等の内容について
　(5) 専門家指導の名称および内容について
　(6) 外注先の名称および内容について
　(7) 知的財産権等の内容について
7．補助事業の成果の事業化に向けて想定している内容
【補助事業終了後5年間の事業化スケジュール】
8．実施した事業の成果に係る無償譲渡・無償貸与・無償供与およびテスト販売の状況

（出所：「令和元年度補正・令和2年度補正ものづくり・商業・サービス生産性向上促進補助金」【補助事業の手引き】（4次締切）より作成）

(4) SBIR制度（中小企業技術革新制度）の活用

SBIR制度とは、中小企業者等の新たな事業活動の促進を図る目的の支援制度である。具体的には、SBIR特定補助金等に指定された補助金交付を受けた中小企業者等が対象になり、補助金交付を受けた事業者に対して事業化支援を行う。

ものづくり補助金もSBIR特定補助金等に指定されており、補助対象事業の事業化への取組みにあたって、本制度での支援が受けられる。

具体的な支援内容としては下記のとおり、政府系金融機関の低利融資、公共調達における入札機会拡大、中小企業信用保険法の特例措置（信用保証枠の拡大等）、特許料等の減免などである。

【SBIR制度による支援内容】

① 日本政策金融公庫の低利融資が受けられる
② 公共調達における入札参加機会の拡大
③ 「SBIR特設サイト」において、研究開発成果などの事業PRができる
④ 特許料等の減免が受けられる
⑤ 中小企業信用保険法の特例措置が受けられる
⑥ 中小企業投資育成株式会社法の特例の適用
⑦ 小規模事業者設備導入資金助成法の特例の適用

（出所：中小企業庁ホームページより作成）

2 認定支援機関等の活用

(1) 採択後の認定支援機関の活用

ものづくり補助金採択後も認定支援機関の支援を活用したい。認定支援機関の役割は補助金の有無にかかわらず、中小企業者の様々な課題への対応である。

また、ものづくり補助金支援を行うのは認定支援機関とは限らない。特に、

申請書類作成の支援は、認定支援機関に登録していない補助金コンサルタントや士業の場合も多い。

したがって、採択後の事業化にあたっても、申請書作成支援を受けた認定支援機関以外からの支援が適している場合もある。

【経営革新等認定支援機関の種類】

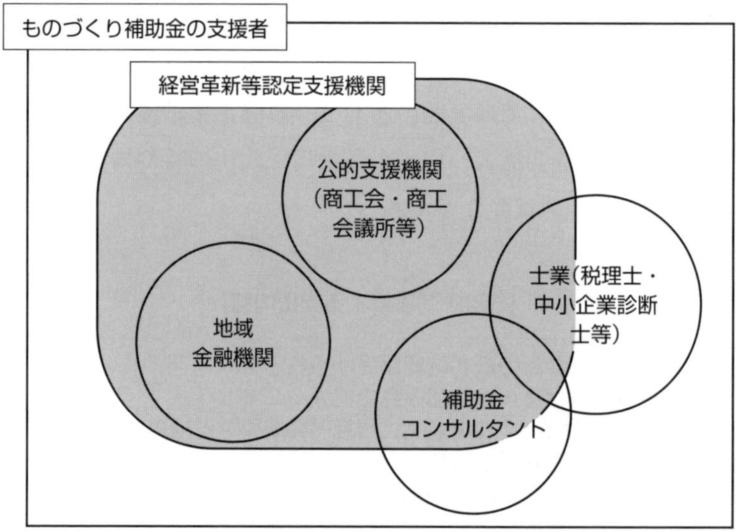

⑵　認定支援機関の使い分け

認定支援機関のうち、公的支援機関や地域金融機関の中小企業者に対する各種支援制度は無料の場合が多い。とはいえ、無料といえども活用の仕方によっては大きな成果が得られる。

一方、士業や民間コンサルタントの支援は原則有料である。ものづくり補助金の支援についても、支援範囲が申請書類作成から補助金交付までにとどまる場合が多い。その先の事業化段階での課題は、一般の経営課題と同様千差万別である。一般的に補助金の事業計画書作成代行など申請支援を主に行っている士業や補助金コンサルタントでは対応が難しいことも多い。

したがって、種類の異なる認定支援機関の中から、自社や対象事業の状況に応じて選択、使い分けをすべきである。

(3) 認定支援機関の種類に応じた支援

① 地域金融機関

ほとんどの金融機関が経営革新等認定支援機関の認定を受けている。このうち、特に信用金庫をはじめとした地域金融機関では、ものづくり補助金に関する支援に力を入れているところも多い。実際にものづくり補助金の採択者一覧には、採択事業者の名称とともに多くの地域金融機関が認定支援機関として掲載されている。

営業地域内に多くの取引先をもつ地域金融機関はその強みを活かし、ものづくり補助金申請の支援だけでなく、販路拡大や顧客開拓の支援も行っている。対象事業者にとっても、顧客の開拓や売上拡大など事業化の成功へ向けた支援は非常にありがたいものだ。

具体的には、顧客候補になる取引先を個別に紹介する他、地域金融機関の本部や支店が主催する異業種交流会など取引先関連イベントへの招待、共催又は協賛をする展示会、その他交流会などへの参加呼びかけなどが行われている。

地域金融機関のもつネットワークで対象事業の事業者や製品・サービスの広報・PRへの協力も期待でき、活用できる余地が十分ある。

特にものづくり補助金の対象事業に関して資金調達が必要な場合には、申請検討の初期段階から相談しておくと良い。金融機関による資金面の支援は、事業者の財務状況に左右されるが、借入での資金調達にもスムーズに対応してもらえるメリットがある。

② 公的支援機関

商工会議所や地方自治体の外郭団体など、多くの公的な中小企業支援機関が認定支援機関として登録している。これらの機関の強みは、支援そのものが役割であり、補助金に関する支援以外にも多くの支援メニューを持つ点だ。

具体的には、異業種交流会開催、無料相談（窓口および訪問）の実施、士業・コンサルタントなどの専門家派遣、制度融資のあっせん、セミナー開催など多岐にわたる。補助金申請の準備段階から申請や採択後の手続き、さらには事業化の支援など、幅広い場面で役立つ。

③ 士業など専門家

税理士、中小企業診断士などの士業も、個人や団体として認定支援機関になっており、補助金の申請支援を行っているケースが多い。

税理士の場合は、顧問先に対するサービスの一環でものづくり補助金の申請に対応している場合や、一部の税理士では有料サービスメニューとして積極的に行っている場合がある。事業計画のうち数値計画の作成などは税理士の得意分野であるが、申請書類作成やその後の手続きのどこまで支援が得られるかはケースバイケースになる。したがって、支援を求める場合にはどこまでが対象か、確認する必要がある。

中小企業診断士の場合はそれぞれ得意分野が異なるが、ものづくり補助金の支援に関与している者は多い。また、補助金の事業計画書作成などの申請支援だけでなく、対象事業の構想の具体化からマーケティングを含めた販路開拓など事業化を進めるにあたっても有意義なアドバイスを得られるなど力になる場合もある。

また、公的支援機関や地域金融機関から報酬を得て、専門家派遣や無料相談制度を通じてアドバイスを行っている場合も多い。

④ 補助金コンサルタント

補助金申請の支援自体をビジネスとして行っており、中には補助金専門のコンサルタントもある。特に全国的に予算と採択件数の多いものづくり補助金は代表的な補助金として多くの補助金コンサルタントが関与している。

補助金コンサルタントなど、ものづくり補助金の事業計画書作成を成果報酬契約で請負い、補助金獲得を支援するケースでは、認定支援機関でない者も多い。それ自体は問題ではないが、実力や素性は玉石混交である。

認定支援機関かどうかにかかわらず、中には、法外な報酬を要求する業者もあり、ものづくり補助金の公募要領でも問題視し、注意喚起をしている。信頼できる支援機関や金融機関などからの紹介を受けたり、風評をネット上で調べたりすることによって、慎重に選びたい。

3　ものづくり補助金の再申請検討

(1)　採択実績案件との類似・同一性

ものづくり補助金に採択され、補助金交付を受けた事業者でも次年度以降に再度応募することも可能である。ただし、申請書類にも過去のものづくり補助金の採択実績がある場合は事業計画書に記載することになっている。また、過去3年以内に交付決定を受けた事業者は審査上減点されることに注意が必要である。

審査にあたっても過去の採択実績が調査される。過去の採択案件と「同一・類似の事業」とみなされた場合は、不採択となる可能性が高い。

前回までのものづくり補助金交付案件について「事業化・知的財産権等報告書」を提出していない場合も補助対象外となる。

(2)　採択実績後の再申請

特に過去の採択事業に関して一定の成果が出つつある場合には、審査上の減点について考慮のうえで再度ものづくり補助金の申請にチャレンジしたい。補助金交付の結果、事業化での成果が得られている場合、補助金が有効に使われ、事業者の実行力もあると評価されるものと思われる。

ただし、その場合は過去の採択案件との違いを明確に示すことがポイントである。事業化の進展によって生じた新たな課題の解決やさらに機能の高度化や応用製品など、類似とみなされないように事業計画を作成する。

再申請は全く新しい異なる事業でも良いが、前回の補助金の事業化の効果があり、実績として評価されていれば、それをさらに発展させる事業についても評価されやすい側面があることは念頭に入れておきたい。

第5章
補助金申請支援の留意点

Ⅰ ものづくり補助金支援の前提

税理士や中小企業診断士、地域金融機関などが、事業者が行うものづくり補助金の活用を支援する際の意義や支援対象についての考え方を整理する。

ものづくり補助金の支援を通じて、関与先、取引先の事業に対する理解と成長支援につながり、支援者の本業にも大きなプラスになる。

有効な支援のためには、支援ノウハウ・スキルの習得、外部関係機関との連携を図り、ターゲットを絞って行うのが効率的だ。

1 ものづくり補助金活用支援の意義

(1) 支援ビジネスとしての確立

現在のものづくり補助金は、平成24年度補正予算から始まり、正式名称や募集要項が変更されながら、毎年度の補正予算に基づいて継続されている。

現在では、毎年度予算約1,000億円で、全国1万件前後が採択されており、中小企業の事業を支援する国の代表的補助金として定着した。

ものづくり補助金は、一般型での補助金額が最大1,000万円と、中小企業者にとって活用しがいのある制度である。一方で、採択率は40％前後と、事業計画の内容次第で不採択も十分あり得る。

したがって、採択されるためには、補助事業の革新性や実現性が書類審査において評価される事業計画書の作成にかかっている。

中小企業経営者には事業計画書をはじめとした申請書類作成や煩雑な手続きはハードルが高いことも事実であり、そこに認定支援機関をはじめとした支援者にとってもビジネスの機会がある。

実際に成果報酬契約によって、申請書類作成を代行するサービスも盛んに行われている。実際の応募申請においても、かなりの割合で申請書類を事業者自身ではなく、支援者が作成しているものと推定される。

支援者にとっても採択率からして、リスクはあるものの、採択された場合の報酬からすれば、十分収益性のあるビジネスとして、取り組む意義は大きい。

(2) 関与先成長支援と関係性強化

認定支援機関であるなしにかかわらず、税理士や中小企業診断士にとってものづくり補助金の申請支援を行うことは、収益ビジネスとしてだけでなく、顧問先など関与先の成長支援に資する意義のあるものといえる。

成長をめざす事業者にとって、設備投資が必要な新しい事業への取組みには資金負担もあり、リスクがつきものである。しかし、その一部を補助金でまかなえれば、リスクの軽減が可能である。

そこで、ものづくり補助金の申請支援は関与先の成長支援につながる。補助金獲得に成功した結果、関与先、取引先との信頼関係はさらに強化される。ものづくり補助金の支援をきっかけに新たに継続的な取引関係となるケースもあり、本業に対する副次的効果も期待できる。

また、認定支援機関である地域金融機関にとってのものづくり補助金の支援は、支援に伴う収益というよりも、取引先の成長支援の一環に位置づけられる。

金融機関の場合はものづくり補助金への取組みに付随して発生する前向きな成長資金融資によって、取引先のさらなる成長支援につなげることが可能である。その点で本業である貸出金増加への間接的効果も期待できる。

(3) 関与先事業への理解促進

ものづくり補助金の申請支援は、中小企業者の事業を深く知る良い機会となる。表面的理解だけでは採択へ向けた事業計画書の作成は難しい。いいかえれば、補助金申請支援を通じて必然的に関与先、取引先の事業への理解を深めることができる。

既存事業の技術や特色を生かしたり、改良を加えたり、応用製品の開発をしたりするなどの補助金対象の新規事業について、十分理解することが不可欠である。事業化に不可欠な市場ニーズや顧客ターゲットの検討、ビジネスモデル構築についても理解が進む。その結果、より深く経営へのアドバイスも可能になり、継続的な関係強化につながる。

金融機関の場合はさらに販路開拓の支援、事業性評価融資にもつながる意義があるものといえる。

⑷　関与先・取引先の新規開拓

ものづくり補助金の活用支援は、関与先、取引先の新規開拓にも繋がる可能性がある。補助金には多くの経営者が関心を示すので、ものづくり補助金の情報提供だけでも喜ばれるケースが多い。

さらに、支援によって補助金獲得に成功すれば、大いに感謝され、信頼関係が深まる効果が期待できる。

特に補助金にチャレンジして新事業へ踏み出そうとする前向きな経営者との信頼関係構築はその後の支援者自身の業務推進にも大いにプラスになるだろう。

⑸　経営支援ノウハウの活用と蓄積

ものづくり補助金の支援を通じて、支援者自身の経営支援ノウハウの活用と蓄積が図れる。支援者は支援を通じて、新規事業である補助対象事業の構想具体化に対してアドバイスし、事業化も含めた具体的事業計画の策定を支援することで、自らのノウハウ蓄積、スキル向上につながる。

税理士の本業である会計・税務面のスキルが、事業計画書に必要な損益計画（業績計画）の策定に活かせる。また、新規事業の将来の計画数値の作成を通じて、数字だけではないマーケティング面も含めた事業開発に関するノウハウやスキルを習得できる。

金融機関にとっても、資金調達提案や事業性評価のノウハウを活用するとともに新規事業に対する洞察や目利き力など経営や事業に対する、評価やアドバイスのノウハウ蓄積、スキル向上が期待できる。

いずれにしても、ものづくり補助金の活用支援を通じて関与先、取引先に対して、より高付加価値提案ができる経営支援ノウハウ蓄積、スキル向上という副次的効果が期待できる。

(6) 認定支援機関としての役割

税理士や中小企業診断士、金融機関などの支援者は認定支援機関である場合が多いが、補助金の活用支援も認定支援機関の重要な役割の1つである。

事業計画書や申請書類の作成を自力でできる中小企業は限られている。新規事業に対するアイデアや意欲があっても、採択率40％前後のものづくり補助金に採択される事業計画書を自ら作成するとなるとそう簡単ではない。

そのような中小企業に対する支援政策を現場レベルで推進、浸透させる行政機関や公的支援機関との橋渡し役を果たすのが、認定支援機関の役割である。

【ものづくり補助金活用支援の意義】

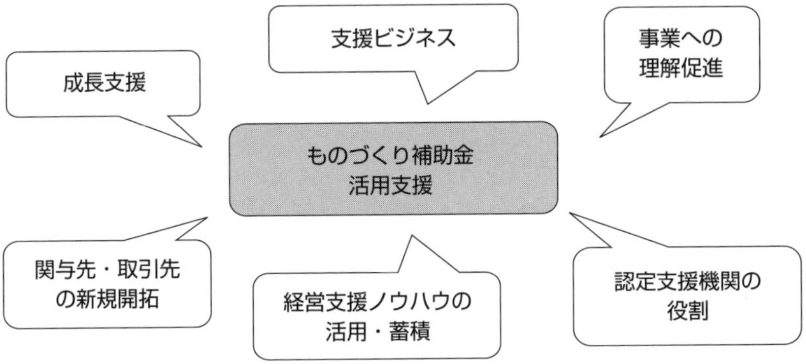

2 支援対象先の候補選定

(1) 支援先選定の基本的考え方

補助金の申請書類作成にはかなりの労力がかかる。特に内容審査の中心である事業計画書の作成はスムーズにできた場合でも2〜3週間はかかるだろう。しかしながら、採択率は約40％と申請しても採択される確率は高いとはいえない。

つまり、支援者にとってもものづくり補助金の支援はリスクのある業務といえる。そこで、支援依頼を受けたとしても、経営者の本気度、事業計画具体化の程度など採択可否の可能性をある程度見極めたうえで、引き受けを決めることが必要である。

また、支援者側から関与先や取引先に応募申請を勧めるケースも同様である。ものづくり補助金に適した事業者に声掛けをすべきである。

支援者側としても経営者への共感をもとづいて支援することで、信頼関係の構築にも繋がり、採択の可能性も高まるといえる。

⑵ ものづくり補助金向きの経営者

ものづくり補助金は経済産業省（中小企業庁）所管の事業系補助金の中でも対象は幅広い。とはいえ、どのような経営者でも向いているとはいえない。

新しい事業にもチャレンジするバイタリティや、社外の専門家も含めて他人の意見も聞く柔軟性のある前向きな経営者に向いている。支援者側からアプローチする場合もそのような経営者をターゲットとした方が支援しやすく、採択可能性も高くなるだろう。

他力本願で申請を丸投げしたり、事業の成功自体よりも補助金だけを目当てにする経営者ではうまくいかないケースが多い。

【ものづくり補助金向きの経営者】

① チャレンジ精神が旺盛でバイタリティがある
② 従来から事業拡大や収益向上に前向きに取り組んでいる
③ 補助金ありきではなく、新しい事業への事業意欲がある
④ 顧客への価値提供を重視し、社会貢献の意識をもっている

(3) ものづくり補助金向きの企業・対象事業

決められた要件をみたした事業者の行う対象事業でないと、補助金申請はできない。ものづくり補助金の要件にマッチした事業でかつ審査において評価を得られる可能性のある事業であることが前提になる。

具体的な対象事業は公募要領で詳細が定められている。新たな事業にチャレンジする企業を公的資金で応援するという補助金の狙いからすると、独自性や新規性のある事業を行う企業が補助金向きであり、ものづくり補助金にも採択もされやすい。

単に既存事業に用いている機械装置の更新などではなく、新しい製品・サービスや生産プロセス改善のための新規事業であることが前提として必要である。

また、ものづくり補助金の場合は、現在は商業・サービス業も含むすべての業種が対象だが、名称の通りもともとは製造業向けの補助金である。補助対象経費についても、機械装置・システム構築費をはじめとした設備投資関連の費用が中心である。したがって、どちらかといえば製造業向きであるといえる。

さらに、ものづくり補助金は個人事業者や新規創業者も対象とはいえ、ややハードルが高く、やはり一定の経営基盤をもつ企業に向いている。

新規事業である補助対象事業の実現にとっては、既存事業が安定した企業の方が有利である。申請書類作成や煩雑な書類整備などの事務処理能力や、補助金交付までの支払資金なども最低限必要である。

【ものづくり補助金向きの事業および企業】

① 既存事業とは技術や方式で一線を画す新規事業
② 今までにない新しい視点に基づいた革新的事業
③ 市場や顧客の潜在的ニーズを掘り起す新しい事業
④ 事業化による継続性、収益性が見込める事業
⑤ 事業化を通じて何らかの社会的課題、地域課題を解決する事業
⑥ 自社の技術力や事業経験などからして実現可能性のある事業
⑦ 一定の経営基盤が確立し、資金調達力のある企業
⑧ 既存事業の安定した営業基盤、顧客をもつ企業

【補助金向きの経営者と事業および企業】

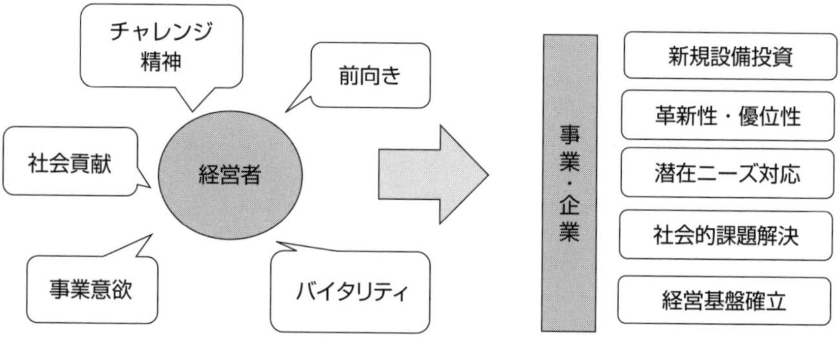

3 支援に必要なノウハウとスキル

(1) ものづくり補助金に関する知識ノウハウ

税理士や中小企業診断士、金融機関が補助金活用支援を行うにあたり、当然ながらものづくり補助金の制度内容や手続きに熟知している必要がある。

ものづくり補助金の申請に必要なことは、公募要領にすべての詳細が記載されているので、誰でも読めば理解できる。とはいえ、応募に関する細かい要件規定や申請書類作成の詳細は、経験のない事業者が短期間ですべて理解するのは大変だ。そこがものづくり補助金支援ビジネスの成立する理由でも

ある。

(2) 補助金情報の収集・提供力

ものづくり補助金は実質的に通年での公募となっているが、公募の締切ごとに公募要領の一部が変更されることが多い。

したがって、支援者としてはいち早く情報収集を行って、ものづくり補助金の支援先や対象候補先に向けて情報発信することが1つの役割になる。そのため、日ごろからの情報収集力が重要である。その点でも公的支援機関など関係機関とのネットワーク構築が求められる。

ものづくり補助金情報の発信については、事業者向けに補助金活用セミナーなどを開催することも考えられる。実際に公募が開始されてからの開催となると時間的にタイトだが、ものづくり補助金に関する情報提供自体も必要な支援策である。

(3) 新規事業に対する目利き力

ものづくり補助金の支援先を選ぶには、事業者が取り組もうとしている新規事業の可能性に対する一定の目利き力が求められる。

ものづくり補助金は申請しても採択の保証はない反面、申請には大きな労力がかかる。そこで、採択されやすい、革新性、実現性がある程度評価できる事業を支援することが望まれる。

具体的には、新製品・サービスの開発に必要な技術力評価、さらに事業化成功のカギである市場や顧客ニーズの見極めなどがポイントである。

(4) 経営者とのコミュニケーション力

補助金支援に限ったことではないが、経営者とのコミュニケーションは重要だ。特にものづくり補助金の事業計画書作成にあたっては、経営者の事業に対する想いや新たな事業についてかなり深く掘り下げたヒアリングが必要である。

ほかにも、有効なPR手段としては補助金セミナーや相談会がある。自ら主催して集客するのは大変だが、金融機関や商工団体が主催するセミナーでの登壇であればハードルは低い。

⑶ 外部機関との関係構築

ものづくり補助金に関する支援にあたって、支援ノウハウも含めた情報収集、案件の確保、支援における協業の観点から、外部機関との連携が欠かせない。具体的には、公的支援機関や他の士業など専門家が挙げられる。

① 公的支援機関

ものづくり補助金の地域事務局である都道府県ごとの中小企業団体中央会や、各地の商工会、商工会議所や市区町村の中小企業支援窓口である産業振興課、産業振興センター、産業振興財団などの公的支援機関が連携先になり得る。日頃から情報収集先としてコンタクトしておくと良い。

また、公的支援機関では、事業者に対する事業計画書作成などについて、無料相談の範囲を超えるサービスを民間コンサルタントや士業を紹介して対応していることが多いので、案件紹介を受けられる場合がある。

② 士業などの専門家

税理士、中小企業診断士などのものづくり補助金の事業計画書作成などの支援を行っている専門家とのネットワークは、特に地域金融機関がものづくり補助金の支援を行う場合には不可欠である。無料で行うアドバイスなどでは事業者自身での事業計画書の作成が難しい場合、地域金融機関としては連携先の専門家や認定支援機関を紹介することが現実的である。

また、引合いのあった案件をすべて自身で引き受けるだけでなく、協業によって効率的な支援が可能になるので、連携先が同業の場合もあるだろう。

逆に税理士など士業が事業計画書作成の支援を行う場合には、候補案件の紹介ルートとして、地域金融機関も有力な対象だ。紹介を受けるには当然ながら日頃からの信頼関係構築、提携関係が前提として必要である。

【外部機関との連携・支援体制】

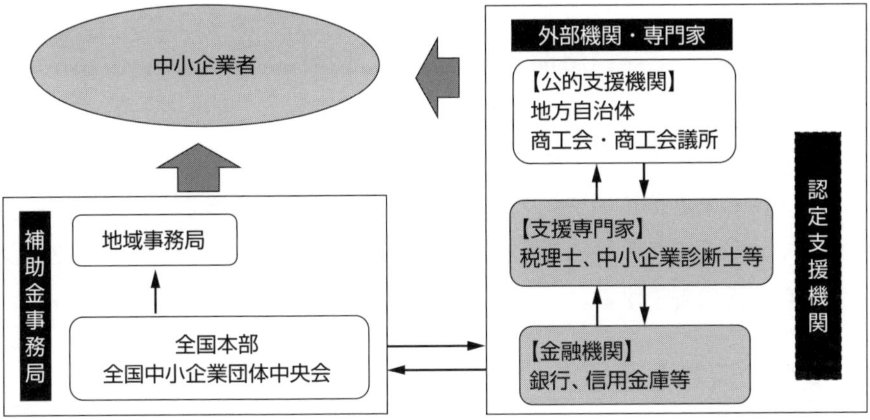

(4) 補助金活用提案のタイミング

関与先、取引先の中から事前にリストアップした候補先に応募申請を勧めるのが効率的だ。ものづくり補助金は毎年度の公募開始が3月頃であるが、公募は実質的に通年行われることになっているので活用提案は1年中可能である。

ただし、ものづくり補助金の対象事業を以前から計画している場合、応募の上、採択後の事業期間に設備導入を行うよう応募の時期を調整することも必要である。

応募申請を関与先、取引先などに提案する場合、対象先の対象事業の計画と公募締切や対象事業期間とタイミングが合わないときもあるだろう。

だが、次回公募での応募を前提に、事業計画を十分ブラッシュアップするなど準備に時間をかけることも必要だ。候補先に対して、ある程度の期間にわたって継続的にフォローを行い、タイミングをみて、最終的に応募を勧めるのが現実的である。

Ⅱ　ものづくり補助金支援の手順

ものづくり補助金に関する支援には不採択のリスクがあるため、引き受ける前に支援先を予備ヒアリングによってある程度見極めることが必要だ。そのうえで、どこまでの範囲を支援するのか明確に定め、スケジュールを確認してから支援に着手する。

1　支援の流れと留意点

⑴　支援目的と全体の流れ

税理士や地域金融機関が行う補助金活用支援は、補助金への採択を手伝うことが直接の目的だとしても、最終目的はあくまで事業の成功と事業者の成長発展を支援することである。

事業者としては採択そのものより、むしろ事業化以降が本番といえる。支援者としても採択後も交付までの手続き支援をはじめとして、事業化以降も含め、段階に応じた支援の役割が果たせる。

税理士など士業にとっては財務会計面からみた収益確保へのアドバイス、地域金融機関としてはつなぎ資金や事業化後の前向きな資金需要への対応など、支援者それぞれの役割に沿って息の長い成長支援が期待される。

【ものづくり補助金活用支援全体の流れ】

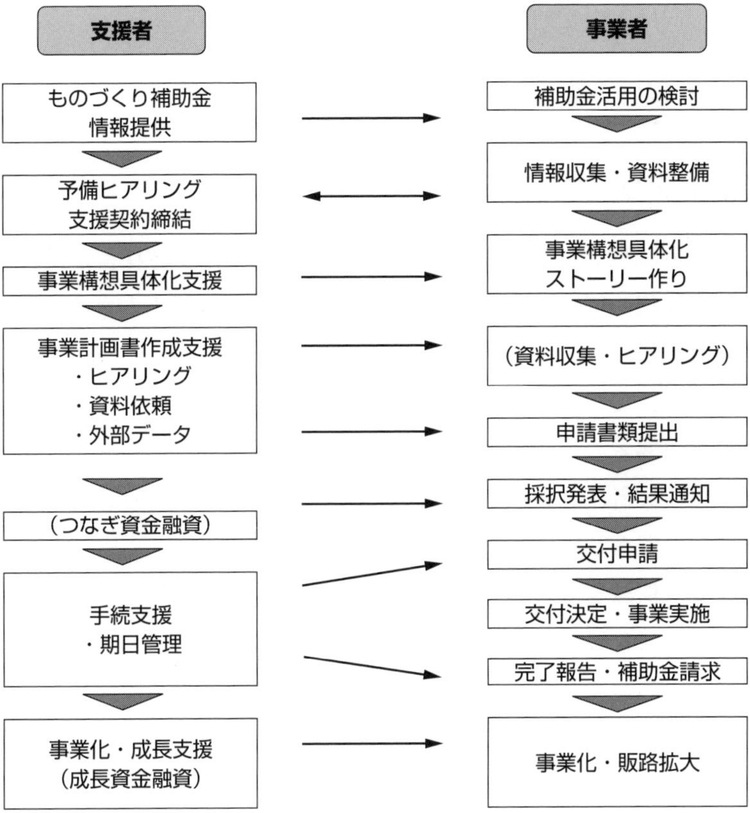

⑵ 支援方針・支援メニューの確立

まず、補助金活用支援を行うにあたり、支援方針や標準的な支援メニューとして、何をどこまで行うのかについての方針、サービス内容を提示できるようにしておく。

採択獲得だけに的を絞って、事業計画書作成のみを成果報酬で受託する場合もある。また、応募申請から交付まで、期日管理、事務手続きも含めて一括ですべて請負う場合もあるだろう。

ただし、認定支援機関である支援者には、制度の趣旨からすれば、単に採択獲得だけでなく、その後の事業期間中や交付後の事業化段階も含めた、事業の成功へ向けた中長期的な支援が期待されている。

2　支援引受けと範囲の決定

(1)　予備ヒアリングの実施

ものづくり補助金は平均採択率約 40 %と微妙な確率で採否が決まる。したがって、採択の可能性をある程度見極めたうえで支援を引き受けることが最初の段階での課題である。

そのために、支援候補先に対して、まずは予備ヒアリングを行う。具体的には、対象事業者の現状把握と計画中の対象事業の内容確認が必要である。第一に対象事業者、対象事業が補助対象外にならないか要件に合致することを公募要領と照らして確認する。

合わせて、機械装置の導入費用など対象事業の主な費用と支出予定時期について、補助対象経費に該当することを確認する。

さらに、ものづくり補助金の要件に該当するだけでなく、対象事業の計画が審査においてどの程度評価されそうかある程度見極めたい。単なる既存事業の延長ではなく、特に実現性、革新性が認められる事業かどうかがポイントになる。一定の確率で採択可能性が認められれば、支援を引き受けることになる。

【予備ヒアリングで確認する項目】

- 対象事業者の要件に該当するか
- 対象外の事業者に該当しないか
- 対象事業計画はどの程度具体化しているか
- 対象事業の主な支出予定は対象経費に該当するか
- 設備投資計画の内容や金額、予定時期は補助対象外ではないか
- 対象事業の計画は何らかの新規性、革新性がある事業か
- 対象事業の計画は実現可能性があるか

(2) 支援範囲・方法・報酬額の決定

予備ヒアリングの結果、支援を引き受けるとなった場合に、合わせて支援する範囲と方法を協議する。事業者側の要望も聞きつつ、あらかじめ定めた支援者自身の方針と業務範囲にもとづいて決定する。

具体的には、事業計画書などの申請書類作成を請負うのか、事業者が作成するにあたってのアドバイス、添削などにとどめるのかという点を決める。

さらに、電子申請の入力なども代行するのか、あるいは、応募申請の後に採択となった以降も、交付申請や交付請求の事務手続きなどを手伝うのか、明確にしておきたい。合わせて報酬額や支払時期にも合意を得る。

この時点で方法や範囲があいまいなまま支援を開始し、後から事業者の期待と異なる結果となった場合、トラブルになりかねない。

また、申請手続きや採択決定後も含めた事務もすべて支援者が引き受ける事業者側としての丸投げ方式は、事業者の自主性や参画意識を低める場合がある。すべての手続きを含めて引き受ける方法もあるが、申請書類提出手続きなどは事業者側で行ってもらうことも検討したい。

いずれの場合も支援開始前に、支援の範囲と方法、報酬金額と算定方法、支払時期について、事業者とかわす業務委託契約書で明確にしておきたい。

【主な申請書類作成支援の内容と報酬の例】

支援期間	支援内容	報酬金額例
公募～事業期間～交付	申請内容作成代行および補助金交付までの手続き代行	着手金（10万円）および 成果報酬（交付決定金額の10％）
公募期間中	事業者が作成した申請項目の内容確認および添削アドバイス	成果報酬（交付決定金額の7％）のみ 又はアドバイス料（5万円）のみ

(3) 支援スケジュールの確認

支援開始にあたって、始めに応募申請の締切までに間に合うように支援スケジュールを立てる。

ヒアリング実施日や依頼資料の提出期限を決め、事業計画書作成までの予定を立てる。そして、事業計画書作成に着手する前に経営者のヒアリングを行う。その際、必要資料を事前に準備してもらえるようにまとめて依頼しておく。事業計画書に記載する内容すべてについてヒアリングをもとに把握するのは困難であり、非効率である。

支援者が事業計画書を完成させる期限としては、最低限締切の1週間程度前とする。その後に、電子申請の手続きを行うにも数日を要すると考えて準備したい。

Ⅲ 事業計画書作成支援の留意点と方法

支援者の立場で事業計画書の作成を行う場合の留意点と具体的方法について解説する。事業者からのヒアリングやディスカッションを通じて事業計画を具体化していくこと、審査ポイントを意識して作成することがポイントになる。

1　経営者と対象事業理解のポイント

(1)　対象事業者の現状把握

まず対象事業者の業歴や業種、事業所所在地、組織形態、既存事業の事業内容、財務状況などの現状把握が前提になる。業績や財務状況があまり芳しくないケースでは、審査においてもマイナスである。採択されても資金不足で事業を実施できないこともあり得るので、実現性が疑問視されるためである。

財務基盤も審査対象になるので、借入過大や債務超過、連続赤字の場合は、具体的な改善策が示せないと評価は厳しい。

また、既存事業の強みや技術力などについても、補助対象事業に活かされるはずである。できるだけ具体的に把握し、事業計画書にも反映させたい。具体的には事業者のホームページや依頼資料、経営者へのヒアリングで把握する。

(2)　経営者の理解

① 経営理念・ビジョンへの共感

補助金の申請支援を行うにあたって、まず基本的なこととして対象事業者の経営理念やビジョン、経営者の想いを理解することが大切である。

どんな目的でどういう想いで事業をしているのか、経営者に共感することで、支援者としてもものづくり補助金の支援に一体となって取り組むことができる。

その姿勢が相手にも伝わることで、補助金の採択結果にかかわらず、単発的でなくその後の事業の支援にも繋がる可能性が高くなる。

② 対象事業の動機・きっかけと背景

補助金対象事業について、経営者の動機やそのきっかけを良く聞いてみることも大切だ。事業計画書作成の際に事業の動機やきっかけを記載することもアドバイスとして重要になる。

補助金対象事業は、これまでにない新規性や革新性が求められる。顧客の困りごとの解決など潜在ニーズに気づいたきっかけや、具体的な顧客の要望をもとにした事業であれば、市場や顧客のニーズが見込めるといえる。その結果、審査においても評価されやすくなる。

③ 経営者の想いと補助金の位置づけ

中小企業経営者にとって、補助金をきっかけとして新たな事業にチャレンジしようとすることもあるだろう。補助金がもらえるならば新規事業を始めようというケースである。

そのようなケースも必ずしも否定はできない。とはいえ、仮に補助金に採択されなくても対象事業は実行するという強い想いがある方が最終的には事業の成功率は高いのではないだろうか。

補助金活用の最終的な目的は、補助金そのものではなく、新しい事業の成功による成長発展である。経営者の強い想いが、新しい事業の成功要因として不可欠なのである。

(3) 対象事業の理解

① 対象事業の進捗状況

対象事業がアイデアだけの段階でも具体的な事業計画書が締切までに作成できるならばものづくり補助金の申請は可能だ。とはいえ、ある程度準備を進めつつある段階の事業の方が実現性も高いはずである。事業化へ向けた新しい製品・サービスのターゲット市場や販売経路、顧客などの見込みも立てやすいといえる。

ただし、既に補助金対象事業が進んでいる場合など、既存事業と同様と見られたり、対象経費も採択通知の前に発生した分が補助金対象外となったりする懸念があるので注意する。

一方、対象事業がまだ事業構想段階である場合など具体的になっていないケースもある。その場合には、経営者からのヒアリングやディスカッションを通じて計画を具体化していくことが不可欠である。

② 技術面の特色・優位性

ものづくり補助金の申請では、機械装置の導入など新規の設備投資が補助事業の主な手段となる。目的は革新的な新製品や新サービスの開発と生産プロセスの改善である。いずれの場合も、実現性、革新性が求められる。

既存事業での技術面の経験や強みを活かした事業であれば実現性は高いので、それだけでも評価できる。ただし、経営者自身が自社の技術面の強み・特色を明確に意識していないことも多い。その場合には、ヒアリングでその点をうまく引き出すことが支援者には求められる。

したがって、対象事業の技術的な特色・強みなどの背景をわかりやすく説明することが重要である。加えて、専門的な技術内容を説明するだけではなく、製品・サービスとしての評価も必要だ。

③ 設備投資の内容

補助対象経費のうち機械装置・システム構築費が金額的に最も大きくなる。したがって、補助対象事業で導入する機械措置の仕様（用途、機能、性能、導入費用等）と製品・サービス開発に対する必要性の理解が前提である。

ものづくり補助金の申請では、対象事業が単なる機械装置の購入ではなく、機械装置の導入による新たな製品・サービスの開発や生産性プロセスの改善である。導入する機械装置が新たな製品やサービスの開発に不可欠な設備である点を説明する必要がある。

この点について事業者自身は十分理解しているはずなので、ヒアリングによって、事業計画書で説得力ある説明ができるようよく把握することがポイントになる。

④ 事業としての優位性・差別化要因

新しい製品・サービスの導入や、生産プロセスの改善が事業化によって大きな差別化要因になる。優位性が認められることが審査でも評価ポイントの1つになるので、その点を事業計画書に具体的に記載できるように理解する。

そのためには、既存の自社の事業や製品、他社の類似する事業や製品などとの機能や性能をはじめとした比較が有効である。

⑤ 経営者と実施体制

補助金の対象事業が実現できるかどうかは、経営者をはじめとした事業者の現状に依存する。その事業が実現できる資質があるのか、つまり、技術・ノウハウや人材が確保されているのか、事業パートナーも含めて実施体制がつくれるのかという点である。経営者やスタッフの経歴や職歴などをもとに面談ヒアリングを通じて理解する。

既存事業から得られた技術・ノウハウが応用できる場合や経営者を中心に対象事業を担う人材が社内にいるのであれば補助金の審査でも評価される。

合わせて、補助事業に関する社外の取引先や事業パートナーとの協力体制についても具体的に計画されていれば実現性評価に繋がる。

⑥ 市場・顧客ニーズの存在

補助金の対象事業が実現し、事業化できたとしても、収益性が十分でなければ継続できない。具体的には事業計画上の売上高や利益を確保できる市場や顧客のニーズがありそうかどうかということである。

つまり、新しい製品・サービスでも市場や顧客ニーズが存在することが重要だ。逆に、新規性が大いに認められるユニークな事業だとしても、ニーズが不確かであれば事業の継続性の点では、審査上マイナス評価となる。

そこで、市場・顧客ニーズが見込める事業であることをヒアリングを通じて十分掘り下げておくことが事業計画書作成の前提として不可欠だ。

【経営者と対象事業の理解】

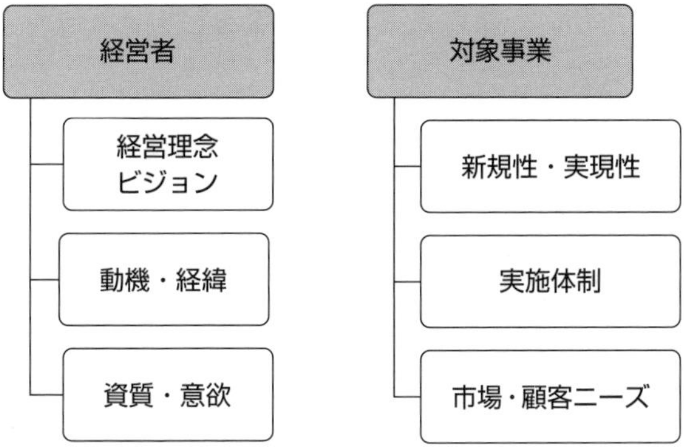

2　事業計画書作成支援の手順

(1)　ヒアリングの重要性

事業計画書の作成は、支援者と事業者の共同作業である。実際に事業計画書の作成を請負うとしても、事業者に随時確認しながら行うべきである。

仮に、支援者の「作文」による事業計画書で補助金に採択されたとしても、計画を実行するのは事業者自身である。しかも、計画通りに事業を実行し、支出も計画通り行わない限り、当然ながら補助金の請求・受領はできない。

そこで、事業者の想いや事業構想とのズレが生じないよう経営者からの十分なヒアリングとコミュニケーションが重要だ。

機械装置の導入自体ではなく、新しい製品・サービスの開発やプロセスの改善によって事業化に成功することが最終的な目的である。そのためには経営者が望む事業の方向性と一致した事業計画とするために、想いや考えを十分に引き出しながら、事業計画書の作成を行うことが求められる。

(2)　ヒアリングの方法

事業計画書作成の準備として経営者にヒアリングを行う。ヒアリングは、経営者自身のことから始め、対象事業について様々な角度から質問する。

さらに、事業計画の具体化が不十分なケースでは、具体化へ向けて経営者の考えを引き出したり、一緒に考えたりするなどディスカッションしながら進めていく必要がある。

事前に資料を依頼しておいたり、質問項目を準備したりすることで効率的なヒアリングが可能である。

(3) ヒアリング項目の整理

特に対象事業がまだ経営者のアイデアレベルの場合、審査で評価されて採択されるには、計画の具体化とブラッシュアップが不足している場合が多い。

そこで、ヒアリングを進めながら、どの部分の具体化が必要なのかを明らかにしていき、事業計画書に書き込めるようにしなければならない。

【ヒアリング項目と内容の例】

項　目	ヒアリング内容
経営者	・職歴、業務経験、得意分野 ・信条、経営理念、ビジョン
既存事業の概要	・事業内容、強み・弱み、差別化要素 ・経営資源、技術的背景、保有ノウハウ ・製品・サービス内容、主要販売先・顧客
対象事業の背景・特色	・構想のきっかけ、経緯・背景 ・対象事業の位置づけ・目的 ・設備投資内容、技術面の優位性 ・製品・サービスとしての革新性、優位性
対象事業の実施体制	・実施責任者、担当部署・担当者、人員 ・パートナー企業（技術、販売、仕入、外注、その他）
対象事業の事業化面	・既存事業との違い（技術・方式・顧客等） ・対象市場と顧客ニーズ、顧客ターゲット ・価格、販売経路、販売促進、広告宣伝、営業方法
対象事業の計数面	・初期投資内容・金額（設備投資、その他） ・想定単価、顧客数、販売数量 ・原材料仕入単価・数量、その他費用

3　ヒアリングと資料依頼のポイント

(1)　経営者自身について

経営者自身の経歴や事業に対する想いは、補助金の申請にあたっても意外と重要だ。新しい事業への意気込みやそれまでの経験が事業の成否に影響するので、審査ではその点にも注目する。

なぜこの対象事業にチャレンジするのか、どうして実現できるのかは経営者の想いの強さや力量にかかっているともいえるからである。ヒアリングを通じてその点を理解し、事業計画書へ反映させる。経営者の強い想いを示すことで、事業計画書を読む審査員の共感も得られる。

【経営者・対象事業に対する質問例】

①　この事業の実現のための最大の課題は何ですか？
②　この事業を通じて何を成し遂げたいですか？
③　この事業は何のために（どんな目的で）行うものですか？
④　この事業をやろうと思いついたきっかけは何ですか？
⑤　この事業は貴社にとってどのような位置づけですか？
⑥　この事業はどのような点で既存事業と違いますか？
⑦　この事業は既存の製品・サービスとどのように差別化できますか？
⑧　この事業は顧客にどのような価値を提供するものですか？
⑨　この事業をもっとも必要としているのはどんな顧客ですか？
⑩　この事業の最大の顧客ターゲットはどこに定めますか？
⑪　この事業の類似・競合する製品・サービスは何ですか？
⑫　この事業に活かせる既存事業の経験や技術は何ですか？
⑬　この事業を実現するための体制はどのように構築しますか？
⑭　この事業を実現する上でのリスクは何ですか？
⑮　この事業によって社会や地域に貢献できることは何ですか？

(2) 対象事業について

対象事業についてのヒアリングは、そう簡単ではない。対象の範囲が広いうえ、経営者がどの程度具体的に考えているかによっては、すぐに答えが返ってこないことも多い。

そこで、ヒアリングにあたっては、あらかじめ質問項目を明確にして渡しておいたり、事前に資料を依頼しておいたりするなどの工夫が必要だ。

また、ヒアリングを通じて、経営者の考えを引き出したり、整理したりしながら一緒に考えていく姿勢が求められる。

(3) 資料依頼の必要性

事業計画書の作成にあたって、全てヒアリングをもとにして行うのは時間がかかりすぎる。そこで、経営者自身が資料やメモとして用意できるものは、なるべくヒアリングの前に提出してもらうようにする。

あらかじめ用意した必要資料リストを事業者に渡す。その際に、記入しやすいような事業計画書の項目を記入した書式や一問一答形式の質問票なども用意して、箇条書きで記入してもらっておくと良い。

【資料依頼の際に用意しておく書類の例】
① 必要資料リスト（会社概要、決算資料、補助対象事業の資料など）
② 事業計画書記入様式（目次、項目案含む）
③ 経営者、事業についての質問票

(4) 計数関係資料の依頼

損益計画を作成するのに、その前提となる数字についてもなるべく資料として用意してもらい、それをもとにヒアリングを行う。

その際、補助対象事業にかかる費用は既存事業とは区別しておく必要がある。経営者が事前に十分用意できない場合は、数字の部分についてもヒアリングの中で確認することになる。

補助対象経費として計上する機械装置など設備投資関連の購入明細は、事業計画書のうちの「経費明細表」に記載するため、見積書の確認が必要だ。

今後、事業期間中から事業化以後も含めて数年間の損益計画を作成するために必要な以下のような計数関係資料を入手する。

【依頼する計数関係資料の例】
① 決算書および最近月の試算表、月次損益推移表
② 対象事業の事業期間内の費用（設備投資額、その他費用明細）
③ 対象事業の事業化後の費用（原価、人件費、減価償却費他）
④ 対象事業の製品・サービスの価格・料金単価（案）
⑤ 対象事業の製品・サービスの売上計画（月間数量、顧客数など）

(5) その他の資料

① 技術・機能・性能に関する資料

製品・サービスに用いる技術に関する性能試験データ、実験結果、特許明細などの技術的背景を客観的に示すデータや資料（図表や写真、イラストなども含む）があれば、事業計画書の材料として依頼する。

② 顧客ターゲット・候補リスト

対象事業の製品・サービスについて既に顧客から引合いがある場合やこれからアプローチする場合にも、候補先としての顧客がリストアップされていれば、受注・販売面で事業計画書の実現性評価のうえで有利である。

あるいは既存事業の顧客がターゲットになる場合は、顧客名簿が何名分あるのかだけでも良い。

【顧客候補リストの例（「新製品企画に興味をもっていただいた方」)】

業　種	所　属	役職等	氏　名
製造業	㈱○○工業	製造部	○○様
	㈱□□	取締役工場長	○×様
	㈱××製作所	代表取締役	□□様
電気工事業	㈱□□電気工事	部長	○◇様
	○○電設工業㈱	営業部	□○様
	㈱××電気	取締役	×○様
	○○㈲	代表	◇○様
	㈱○○電設	工事部１課	△△様
電設資材卸売業	㈱□□電機	取締役	××様
	㈱○○商事	営業部長	△○様

③ 価格・料金表等

事業化後における対象事業の製品価格やサービス料金の計画表を作成してもらう。この時点では仮の数字でも構わない。損益計画を作成する際にはその根拠として必要になる。

④ 必要経費一覧

対象事業にかかる費用をリストアップする。この段階では、補助金の対象となるかどうか区別せずに漏れなく計上する。例えば、事業化後の外注費や材料費なども、どのくらいかかりそうか必要に応じて調べてもらう。

これらの計数は補助対象事業の損益計画、資金計画といった事業計画書のうちの数値計画の作成にも必要だ。

最終的には初期投資とランニングコストに分け、そのうち補助対象経費とそれ以外を分けておくことがポイントだ。

4　外部データ・資料の収集

(1)　外部データ・資料の必要性

マーケティング関係などの外部データ収集については不得意な中小企業経営者も多い。支援者としては、事業計画書の中で市場規模の推計や具体的なニーズの存在を客観的に示す外部データや資料を独自に収集する必要がある。

製品・サービスの対象市場に関する外部データは、収益性や継続性の評価に必要だ。統計情報など、対象市場に関係する外部のマーケティング関連データをインターネットなどでのリサーチによって収集する。

(2)　市場環境についての統計データ

対象事業にどのくらいの市場規模が想定されるのか、市場は伸びが期待されるのかなどの対象事業の製品・サービスの市場環境に関する情報について、できるだけ統計資料などのデータを集める。

ただし、特に新規性の高い事業については、既存の統計資料ではなかなか該当する資料がみつからないことが多い。その場合は、政府などの統計データから市場規模を推定できれば、事業計画書の客観性、説得力が高まる。

できるだけ、対象事業に近い製品やサービスの市場に関する統計データを探す。その際には下記のようなWEBサイトを参照すると良い。

【統計データサイトの例】

サイト名（運営者）／URL	概　要
e-Stat（総務省統計局） (https://www.e-stat.go.jp/)	政府統計の総合窓口、政府の各府省等による統計
㈱マクロミル (https://www.macromill.com/contact/ja/reports.php)	マクロミルで実施した自主調査レポート、分析レポート
調査のチカラ（it media） (http://chosa.itmedia.co.jp/)	公表された各種民間調査結果
経済産業省（統計） (http://www.meti.go.jp/statistics/index.html)	経済産業省の公表統計
「生活定点」博報堂生活総合研究所 (https://seikatsusoken.jp/teiten/)	定点調査による26年分の生活者観測データ
地図で見る統計「j STAT MAP」（総務省統計局） (https://www.e-stat.go.jp/help/view-on/map/start_gis)	地図と統計データの連動による商圏分析が可能

(3)　顧客ニーズについての情報

対象事業の市場についてのデータは、おおまかな全体像を示すためのものである。それに対して、顧客ニーズについての情報とは対象事業の製品やサービスに対して想定される顧客やユーザーにとって具体的にどの程度、どのようなニーズがありそうかという視点でみた情報だ。

対象事業の製品やサービスに対してニーズがあるということをできるだけ客観的に把握できれば事業化についての実現性が期待できる。

具体的には、事業者の既存顧客や身近な友人、知人などに協力してもらうなど簡単なアンケートやインタビュー調査などでも良い。質問内容は、例えば「このような製品・サービスを利用してみたいと思うか」、「価格・料金がいくらくらいなら購入・利用しようと思うか」などである。

また、既存取引先から「こんなことはできないか」、「こんな製品はないか」と言われたことをヒントにした新しい製品・サービスの場合には、それがニーズの具体的な証拠として説得力のある材料となる。少しでもそのような情報がないか、事業者へのヒアリングでできるだけ聞きだすことも必要だ。

【アンケート調査質問項目の例】

① このような製品（サービス）があれば、使ってみたいと思いますか？
② いくらくらいの価格（料金）なら、購入（契約）したいと思いますか？
③ このような製品（サービス）を友人や知人に勧めたいと思いますか？
④ このような製品（サービス）に最も期待することは何ですか？
（機能の豊富さ、価格の安さ、使い勝手の良さ、デザインの良さ、その他）
⑤ このような製品（サービス）を購入する際に最も心配することは何ですか？
（トラブルはないか、使いこなせるか、解約・返金はすぐできるか、他）
⑥ 普段○○に関して困っていること、不便なことはどんなことですか？
⑦ ○○に関して、どのような製品（サービス）があったら良いと思いますか？

5 支援における事業計画書作成の留意点

（事業計画を作成する具体的な方法と留意点については、第３章を参照）

(1) 事業化を見据えた計画具体化

対象事業の計画が具体的でないことや、購入予定の機械装置をどのように活用するのか明確でない場合がある。そのようなケースでは事業計画書の作成以前に、事業構想から計画具体化へ向けての検討が必要だ。

本来は事業者自身が考えるべきことだが、支援者としてもアドバイスすべき本質的課題であり、ある意味力量が試される。

その際に、事業者の想いや事業の目的に沿って考えることが重要だ。例えば、既存顧客のさらなる高度な要望に応えたいのか、新規顧客の開拓を行うための事業なのかというようなことである。

また、実現性の点では事業者の経験や技術的背景などの強みを活かせる事業であれば、製品・サービスの開発は比較的具体化しやすい。

それに対し、全く異なる分野の事業では、革新的な事業のための設備投資導入の計画だとしても、事業化の目的や技術導入、実施体制はもちろん、市場や顧客ニーズの存在も改めて具体化を計画する必要があり、難易度が高い。

いずれの場合でも、ものづくり補助金に採択されるには実現性と革新性の両立する事業であることが求められる。

⑵ 全体の整合性と実現可能性への配慮

事業計画書では、補助対象事業と対象経費とする設備投資内容や事業化後の受注・販売計画なども含め、一貫性、整合性が必要だ。第三者である支援者が事業計画を作成するとその点がおろそかになりがちなので注意を要する。

そこで、支援者が事業計画書を作成する場合、事業計画の具体化にあたって事業者とよく摺合せを行うことが大変重要である。

支援者が独断的に考えた内容を事業計画書に記載し、その結果採択されたとしても、実行するのは事業者自身である。事業者としては実際に対象事業を計画通り実施してからでないと補助金請求はできず、交付も受けられない。

したがって、審査で評価されるためだけではなく、事業者にとって実現が十分可能な計画であることが最低限不可欠である。

さらにいえば、最終目的は補助金への採択ではなく、対象事業の事業化まで成功することであり、採択はその第一歩に過ぎない。

⑶ 経営者の理解と納得

支援者としては、審査で評価されるだけではなく、事業計画全体の整合性や計画の実現性を高めるために、経営者に十分理解、納得を得た上で事業計画書を完成させるべきである。そのためには、作成途中段階で随時報告したり、要所で打ち合せをしたりするなど、確認しつつ作成を進めることが求められる。

経営者が十分理解納得していない計画は、仮に採択に成功したとしても、当然ながら実現性の点では危うい。事業者側が丸投げ体質であると内容の理解不十分のままで事業計画書の提出に至る場合も多いと考えられる。

最終的には事業者の責任でもあるが、後にトラブルとならないためにも、事業計画書に記載する内容には十分に確認をとったうえで申請書類として完成させたい。

Ⅳ 採択後の支援ポイント

支援内容を応募申請だけに限定する場合以外は、ものづくり補助金採択後も、補助金請求・交付までは手続き面を中心に支援対象になる。

さらに、認定支援機関には本来の目的である事業化段階での成功へ向けた支援も期待されている。少なくとも、利用できる販路開拓支援制度の紹介や、金融機関であれば資金需要へ対応する新規与信支援などは最低限検討したい。

1 採択発表から交付までの支援策

(1) 採択発表時の対応

採択結果の発表は公募締切後1か月余りで行われる。発表日は事前に公開されず、当日に補助金事務局のホームページに採択一覧が掲示される。郵送による採否の通知も合わせて行われるが、支援者としてもいち早く採択結果を確認したい。

残念ながら採択されなかった場合にどう対応するかは、あらかじめ事業者と打ち合せておくのが良い。次の締切で再チャレンジするのか、補助金なしで事業をすすめるのか、あるいは事業そのものを断念するかのいずれかになる。

初めての応募申請で不採択の場合、不採択時点で既に次回締切へ向けた公募が開始されているので、同様の内容で再申請することを勧めたい。同じ事業でもさらに計画のブラッシュアップを図ることで、採択される可能性はある。

(2) 交付申請から交付決定

採択された場合、次の手続きとしてすみやかに交付申請を行うことが必要である。採択発表後の手続きもやや煩雑で手間はかかるが、「補助事業の手引き」にしたがって行えば、交付申請の手続きは事業者自身でも十分可能である。

採択者向け手引きで不明な点は、事務局に問い合わせることで、ていねいに教えてもらえるので、その通りに行えば良い。

ただし、事業者側で手続きも含めて依頼がある場合など、引受け時の条件に応じて、手続き書類作成などの支援を行う。支援者側としても直接手伝うことはなくとも、事業者が確実に手続きを行って交付決定を受けられるようフォローする。交付決定日が遅くなると、その分事業開始が遅れるので、期限に関係なく、手続きを進めるのが得策である。

(3) 事業期間中から交付請求までの支援

事業期間内に機械装置の導入などの事業を確実に実行し、対象経費支払いまで完了する必要がある。その間に多くの証拠書類等を整備し、期限内に煩雑な請求手続きを行う必要がある。

支援者としても、成果報酬の2分の1を補助金受領後に受け取る契約などの場合、確実に補助金交付を受けられるよう交付請求までのフォローが不可欠だ。

導入する機種や金額の変更（採択金額の増額は不可）など、細部の変更については、事務局と協議のうえ、変更届けの提出が必要だ。漏れた場合は補助金交付が受けられなくなる場合もあり、軽微な変更についても注意を要する。

また、特に機械装置の導入には見積書、仕様書、発注書や領収書などが必要であるなど対象経費の証拠書類について細かい規定があるので、事務の手引きを熟読して漏れがないよう整理することが必要だ。

2　補助金交付後の支援策

(1)　報告書作成の支援

補助金が無事入金されたことを確認できれば、とりあえずの支援は完了となる。ただし、補助事業者にはその後5年間、毎年度ごとに「事業化状況・知的財産権等報告書」の提出義務がある。

報告書では、補助対象事業とそれ以外の事業の実績について、収益と費用を全て区別して計上する必要があるなど、作成はかなり煩雑だ。そこで、報告書作成も継続的な支援対象になる。

また、補助金対象となった設備などの資産は、使用しなくなったとしても勝手に売却や廃棄などの処分をすることはできない。このような点は事業者が管理することだが、継続的支援先に対して必要に応じてアドバイスできるように把握しておきたい。

(2)　対象事業の事業化支援

さらに、ものづくり補助金支援先の事業者が顧問先や取引先の場合には、補助金交付後もフォローすることで一歩踏み込んだ支援の役割が果たせる。

税理士の場合、顧問先であれば、財務面を中心に経営アドバイスなど継続的な成長支援が可能である。

金融機関の場合は事業化に伴う前向きな資金需要に応えるなど、本質的な役割である成長資金融資へ繋げることができる。さらに、補助対象事業の課題である販路拡大、売上拡大へ向けた取引先のマッチングや交流会、展示会などのイベントへ招待するなど金融機関としての総合的な支援策が提供できる。

第6章
事業計画書の記載事例

ものづくり補助金採択事業の事例について、事業計画書の主要部分である「5. 事業の具体的な内容」の実際の記載内容をもとに、採択される際の評価と記載のポイントについて改めて考えてみたい。

I　A社（金属部品製造業）の事例

(1)　会社および補助事業の概要

【会社概要】

事業内容：金属部品製造（機械部品、什器・建築内装部品）

資本金：1,000 万円　従業員数：12 名　（いずれも申請時点）

【事業計画名】

3D スキャナーと 3D データを用いた建築内装部品製作の事業化

【事業計画の概要】

3D スキャナーによる現場測定に基づく 3 次元データを用いて、製作図面を自動作成し、デザイン性の高い店舗向け内装用金属部品を一貫して効率良く製作する高付加価値型事業。その結果、下請部品メーカーからの脱却を図る。

(2)　採択評価および記載のポイント

・利益率を向上すべく、下請部品メーカーからの脱却を目指す取組みの一環である点など背景・きっかけを記載し、対象事業の位置づけを明確にした。

・建築内装への 3D データの活用については既存事例がほとんどない点や、独創的デザインの建築内装部品制作について時間・コストの大幅短縮が可能な点をアピールし、本事業の革新性が評価されたと推定される。

・実現性や事業化後の収益性の根拠として、従来工程での受注実績 2 件の詳細を具体的に記載した。

・補助事業全体の工程を図示し、自社とデザイナー（外部）の協業分担と既存事業との違いを合わせて、わかりやすく記載した。

・具体的な顧客候補となる内装業者、建築デザイナー等について所属、氏名も含めたリストを記載し、関連業界でニーズがあることを示した。

(3) A社の事業計画書（抜粋）

A社事業計画書（抜粋）

5. 事業の具体的な内容

その１：具体的な取組内容

(1) 事業内容

【既存事業】

・鈑金加工業として、自動車試作部品、機械部品、店舗用什器、建築内装用部品（建築金物）などの受注・製造業です。

・特に試作品などの小ロット・短納期での製作を強みとしています。

・主な得意先は、自動車部品メーカー、バス・車両メーカー、コンビニチェーンなど。

【今回の革新的サービス事業概要】

・既存の店舗など商業施設やオフィスの一部などに幾何学アルゴリズム計算に基づく金属部品の組合わせによる内装施工を、3Dスキャナーによる空間測定の段階から3Dデータを用いた図面作成、金属部品製作まで一貫して行うサービス。

・従来、当社は内装工事会社からの受注で金属部品製作だけを行っていた。今回、新サービスとして、3Dスキャナーを自社で保有し、建築・インテリアデザイナーと連携して、内装空間の測定の段階から引受ける一貫サービスとして行います。

【革新的サービスの目的と効果】

・建築インテリアデザインの　…　金属内装部品受注の確率が高まり、また、発注者側もエ　…

・潜在的ニーズもあり、競合　…　ても高付加価値の事業となり、下請け部品メーカーから脱　…

Point

下請部品メーカーからの脱却を目指す取組みの一環である点を明示

(2) 事業化検討のきっかけ・背景

【背景】

・例えば、当社取引先の自動車部品業界では３次元化が普及することにより新車開発時間の短縮、作業効率、技術革新が進んでいます。

・それに対して、建築内装業界においては、データの３次元化によるデザイン・設計製作の効率化が遅れており、3D化によって、大幅に企画・デザイン～部品製作～施工までの工程が効率化できる余地が大きいといえます。

【きっかけ】

・当社が、最近の新規分野と　……　イナー・建築事務所・施主・内装業者から情報を　……　めることにより、短時間・低コスト・低廃棄物で

Point

対象事業に取り組む背景・きっかけを記載

(3) 今回事業の技術的課題と解決策

【3Dスキャナーによる建築内装測定法の習得】

・当社は、一般の板金加工メーカーと同様これまで、発注者から受け取った部品の製作図面をもとに、鈑金加工によって金属部品製作を行ってきた、現場測定法の習得が課題です。

・今回事業では、デザイン・設計段階の前提としての内装空間の測定を3Dスキャナーで行うため、現場での3Dスキャナーによる測定技術習得を下記の方法で行います。

①3Dスキャナー導入、スキャナーメーカーによる取扱技術講習受講

②現場での測定訓練・テスト・シミュレーションの実施

③現場での操作手順書、チェックリストの作成

【3Dデータ作成から3D図面製作の自動化への対応】

・以下の方法で実際に近いデー　……　ョンによって技術の定着を図ります。

①3Dスキャナー付属専用ソ　……　受講

②3Dデータ取扱手順書、チ

③テストデータによるデータ　……　ン、テスト実施

Point

補助事業における技術的課題を3点にまとめ、見出しをつけてそれぞれ説明

【測定～製作の全体作業手順の確立】

・最終工程の金属内装部品製作は既存の本業として確立されています。

・今回の革新的サービス事業では部品の製作図面作成までの工程を確立することが課題です。

・今後の事業化にあたって、以下の（4）工程・サービスの流れに沿って、実際の受注業務を通じて実践する中で、問題があれば改善していきます。

(4) 今回事業の工程・サービスの流れ

・以上の技術的課題を解決した結果、下記のような工程・サービスの流れを確立します。

【①現場測定～③3次元データ化】

・現在は、既存店舗などの内装・インテリアの設計・デザインの前に、現場でのレーザーポインタなどで実測したものをもとにデザイン・図面を制作、さらに金属部品（建築金物）も部品用平面図を作成し、製作発注されています。

・今回事業では、現場測定データをもとにスキャナー付属専用ソフトにより3DCADに使用出来る3Dのサーフェー

・そのサーフェスデータを　　　　　　　　　　　　　　　　　　　　はデザイナーによる3Dデータ上での作業となり

・その結果、2次元図面で　　　　　　　　　　　　　　　　　　　　きます。測定データは通常2次元図面を作成して　　　　　　　　　　　　　　　　　　　　必要が無く、設計時間が大幅に短縮できる大きなメリットがあります。

Point

対象事業で開発する新サービスについて工程の順に、従来方式との違い、メリットなどを具体的に説明

【④デザイン制作～⑥建築金物（内装部品）設計】

・デザイナー・建築事務所からお預かりした3次元製作図データをもとに現場加工用図面を制作します（サーフェースデータをソリッドデータに作り直す)。

【⑦建築金物（内装部品）制作～⑩現場施工】

・3Dソリッドデータをもとにするため、建築金物＆施工金物設計不要になり、そのまま、

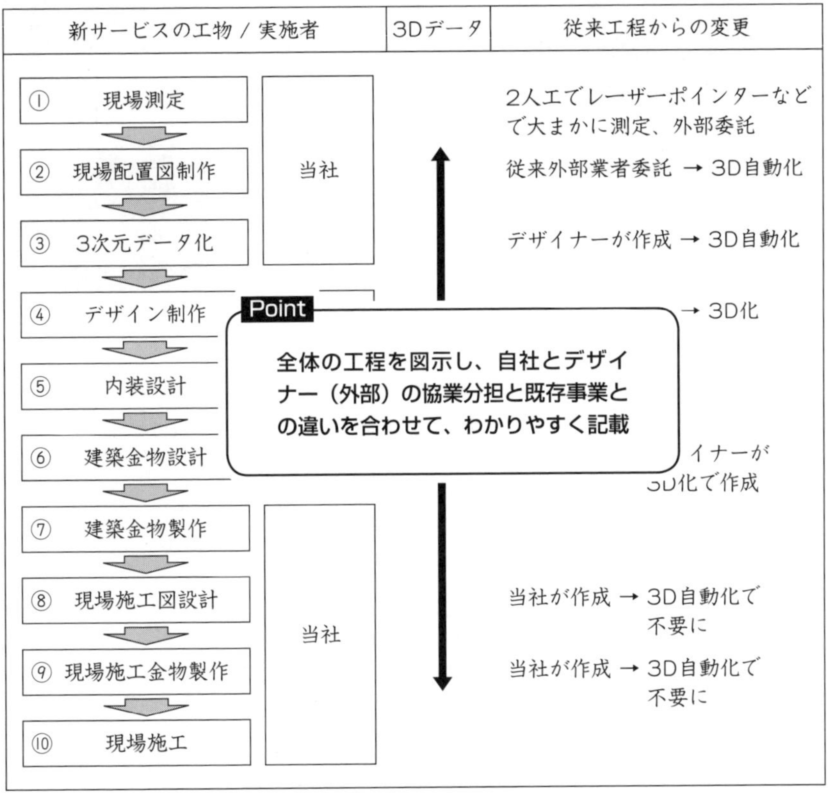

自社工場において、レーザー加工機等を用いて内装部品を１つずつ制作が可能です。
・既存事業として実施中の部分。内装施工業者と連携して現場への設置を行います。

(5) 今回事業の新規性・独創性

【アルゴリズム計算に基づく金属多面体を用いた内装】

・本事業で最終的に行う、インテリア・内装にアルゴリズム計算に基づいた鈑金部品による多面体を用いる制作・施工自体が、国内では他に例がほとんどありません。
(当社製作実績の「○○南青山店」が雑誌「□□ 20XX 年１月号」表紙に掲載)
・オリジナルで斬新なインテリアデザインを志向する建築デザイナーや店舗オーナーには評価が高く、今後は先進的な商業スペースなどに導入される例が増えると考えられます。

〈当社が制作した○○店舗の内装立体図と雑誌の表紙〉

20XX/10 月製作・施工

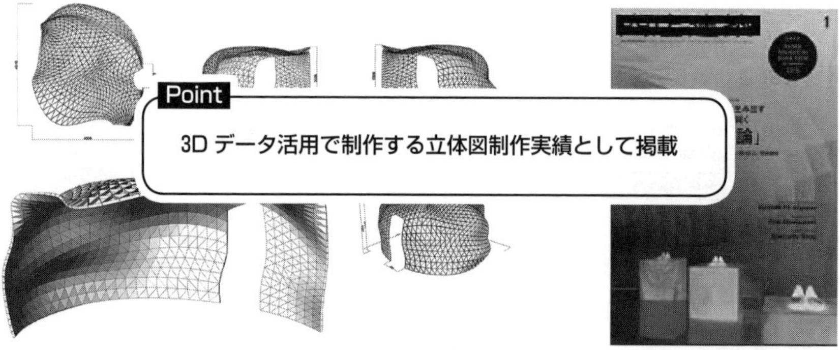

Point
3D データ活用で制作する立体図制作実績として掲載

【測定から一貫した 3D データ化】

・建築内装業界では 3D 化が …… 利用も遅れています。
・当社のような鈑金部品メー …… 下請の部品加工を行うだけであり、施工現場の測定や …… ケースは原則ありません。
・建築デザイナー、インテリ …… 加工までの一貫性に対して独創性、新規性を評価され …… に期待されています。

Point
新サービスに対する関係者の期待の声を示し、事業の新規性とニーズの両方を示した

(6) 優位性

【制作・施工期間の大幅 ……

・現場測定も２人工から１ …… にできるようなる (3D スキャナーでの測定により …… で誤差 1mm にできる)
・建築デザイナーとのデータ …… 作が自動化される

Point
審査項目の中で重視される「優位性」をそのまま見出しとして記載

・その結果、工程全体としてのコストダウンが可能で、コストダウン効果が当社の付加価値増大に貢献し、他に追随を許さないため下請部品メーカーからの脱却が可能です。（現場測定料金、図面製作料金としての収入、もしくは部品製作単価にプラスが可能）
・工程全体を通じて、従来

Point
事業の優位性について、3つの項目にまとめ、それぞれ具体的に根拠を記載

【企画デザインの初期　大】
・最も初期の工程である現　ンテリアデザイナーとの連携がしやすく、初期
・その結果、当社の受注機会が大きく拡大し、有利になります。

【施工現場での廃材の削減が可能】
・あらかじめ正確な測定データに基づく内装部品の製作によって、現場に合わせた最終加工が不要で廃材、余りが出ず、コスト面でも優位です。

(7) 事業化スケジュールと実施体制

【事業化までの準備スケジュール】

～201X/8月　3「
8月　3
～9月　メ　ストの実施
10月～　サ

Point
事業化のスケジュールと実施体制について、時期は実施年月、担当人員は氏名・プロフィールも記載

【社内の実施体制】
・代表の○○をはじめ、社内の下記スタッフが業務にあたります。２名のベトナム人含む社員は従来より部品CADソフトの取扱いスキルがあり、スキャナーにも十分対応可能です。
・部品の制作段階については、十分習熟した製造担当者がレーザー加工機等を用いて、通常業務の範囲で対応可能です。
・現場での内装業者と連携した組立・設置作業についても、大型現場を２件経験しており、施工ノウハウもついてきています。組立・設置は社員全員で対応します。
・社員の他に、○○店舗案件の受注時からの社外協力者として、ラオス人の××・××氏（20XX年３月東京○○大学大学院卒業）にアルゴリズム設計に関して協力していただくことが可能です。

〈担当社員（予定）〉

○○○○；53歳（勤続33年） 役割；営業・打合せ・測定操作・企画	○○○○；27歳（勤続3年） 役割；3Dデータ処理・3D／2D図面制作・測定操作
○○○○；39歳（勤続8年） 役割；3Dデータ処理・3D／2D図面制作	○○○○；26歳（勤続0.5年） 役割；3Dデータ処理・3D／2D図面制作・測定操作

(8) 市場・ニーズと受注・営業活動

【需要・市場規模・市場ニーズ】

・既に、インテリア部品製作については、最近1年余りの間で2件の実績があり、今後も施主やデベロッパーに対して影響力のある先進的な建築デザイナー、インテリアデザイナーによって先端的な商業施設の内装提案に採用される可能性があります。

・全く新しい市場であり、有力なデザイナーから斬新さを求める商業施設の施主、店舗出店者などに対して提案・アピールすることで開拓が進むと考えられます。

・「建築金物」自体は確立された市場ですが、その中で特殊な分野のため、ニッチな市場ですが、競合がないため、当社の優位性が保てると考えています。

【金属多面体を用いた内装部品制作・施工実績】

・幾何学アルゴリズム計算に基づく製作図面の作成～内装部品製作～組立については最近、下記2件の受注実績があり、その経験が活かせ、PRできます。

〈当社の制作・施工実績〉

①201X/9月　南青山○

　エンドユーザー；　○○

②201X/12月　××社　（XXX万円）

　5か所の異なる空間、エ

Point

従来工程での受注実績2件の詳細を具体的に記載

〈①○○店舗（組立中）〉

〈②××オフィス（制作・施工完成後）〉

Point

建築内装の制作工程での実績を示す写真

【建築・インテリアデザイナーへのアプローチと引合い〜受注】
・①の実績が雑誌「○○」に掲載された他、多くの先進的な建築・インテリアデザイナーの
方に興味を持っていた　ております。
・建築家、インテリアテ　工業デザイナーからも
関心を持っていただい　ゞ期待できます。（下記
の「事業化後の営業・
・引き続き、代表の○C
・直接的な受注は、内装　現場測定と3Dデータ
作成サービスとして料金請求の場合と、部品制作代金に合算する場合が考えられます。

Point
新規性の高い事業のため、申請時点での事前のアプローチと引合いの状況について詳しく説明

【今回導入する主な設備・ソフト】
① 3Dスキャナー
ファローテクノロジーズ社製「Focus3D-X130」
標準価格：640万円（本体）
② 建築用3DCADソフト
オートデスク社製
「BuildingDesignSuiteUltimate2016」
標準価格：160.5万円

その２：将来の展望

(1) 事業化後の営業・販売促進策

【ホームページ】
・従来以上にホームページを充実し、建築内装分野の実績などを発信していきます。

【受注ルート・引合い】
・建築・インテリアデザ　やデベロッパー、店舗
オーナーに対して、影　ナーへのアプローチを
既に1年以上前から行
・内装工事会社からの紹　関心を寄せられていま
す。内装工事業として　は全くなく、測定から
データ制作部分は当社

Point
事業化後の受注ルートについても、すでに関係性を構築しつつあり、具体的に記載

〈本サービスに興味を持っていただいた相手先〉

職種等	所属	役職等	氏名
建築内装業	㈱○○	代表取締役	○○様
	㈱□□	国際デザイン事業部	○○様
			○○様
デザイナー・建築家			○○様
			○○様
			○○様
			○○様
	㈱○○スタジオ	代表／工業デザイナー	○○様
		空間デザイナー	○○様
	㈱○○建設計事務所	代表／建築家	○○様
	××建築歳研究所㈲	代表取締役	○○様

Point

顧客候補となる内装業者、建築デザイナー等のリストを記載し、ニーズがあることを示した

（2）事業化により期待される効果

【高付加価値事業による収益性向上】

・他に競合のない独自事業の事業化により、より多くの引合いに応えられ、安定的受注に繋げるとともに、高付加価値事業の実現で会社全体の収益性向上が可能です。（詳細は事業計画数値ご参照ください）

【建築分野を将来の事業の柱へ】

・下請部品メーカーからの脱却を目指して、201X年から建築内装分野（建築金物）を新規事業として手掛けてきました。

・今回、3Dスキャナーによる現場測定からの一貫製作サービスの事業化で、より差別化でき、受注力が高まることから、将来的に事業の柱とする布石ができます。

【事業用設備の蓄積と他分野への有効活用】

・3Dスキャナーの購入によって、独自性の高い事業に用いる設備資産が蓄積できます。

以上

Ⅱ B社（情報サービス業）の事例

⑴ 会社および補助事業の概要

【会社概要】

業種：情報サービス業

資本金：1,000 万円　従業員数：5 名　（いずれも申請時点）

【事業計画名】

各種カードリーダー、モニター、タブレット端末を組み合わせたサービスアプリの開発

【事業計画の概要】

非接触 IC カード、バーコード、QR コード、磁気カード等それぞれを読める市販のカードリーダやさらには大型モニターを市販のタブレット端末に接続し、参加できるスタンプラリー、ポイントサービスを可能にするサービスアプリケーションとプロトタイプの開発。

⑵ 採択評価および記載のポイント

・既存事業の基礎技術は外部の研究機関が発祥で特許も成立していることから、技術的背景を客観的に記載することで、補助事業の革新性評価にも繋がったものと思われる。

・小規模で業歴も浅いため、経営基盤不安定と見られないように、既存事業での大手取引先名、使用特許の明細、債務超過解消済など具体的に明示した。

・その反面、補助対象事業が既存事業の単なる延長とみられないように、既存事業との違い、補助事業の効果や優位性、新たな開発内容を具体的に記載。

・対象事業がソフトウェア開発中心で、実施する開発内容がわかりにくいた

め、具体的な開発内容、社内外の開発実施体制、スケジュールの計画詳細をブレイクダウンして明示した。その結果、実現性評価も得られたと推察される。

・事業化については、既に引合いのある顧客候補先の社名や対象サービスに対するニーズを具体的に明示することで事業の収益性をアピールした。

⑶　B社の事業計画書（抜粋）

B社事業計画書（抜粋）

5．事業の具体的な内容

その１：具体的な取組内容

【既存事業について】

・当社は○○○研究所の特許技術を用いた技術移転ベンチャーとして20XX年6月設立されました。

・独自特許の技術を用い ド（スイカ、パスモなど使用許諾取得済）を クーポン発行などのサービスを鉄道事業者 供しています。

・東京○○様、○○電鉄 スで実績も拡大し、3年前より単年度黒字、 果たしました。

Point

既存事業の経営基盤が確立されている点を財務面、技術面、取引先の背景から、客観的事実として記載

〈主要な使用特許〉（○○研究所との専用実施権設定契約に基づく）

特許第XXXX13号　空間想起補助システム

特許第XXXXX98号　データ提供方法ならびにデータ提供システムおよびデータ××××サーバ

特願20XX-XXXX93　カード認証システム及びカード認証方法

〈主要取引先〉

○○○、○○電鉄、××鉄道、○○マネジメント、□□□□、××××、○○エージェンシー、□□プロパティーズ、○○市商工会など

（鉄道事業者、商業施設、商店街、広告代理店、イベントサービス会社他）

【新サービスの狙い】

・今回チャレンジする新た 専用端末機を設置して行っていたサービスに う新たなアプリケー

Point

見出しを「新サービスの…」として、既存事業との違いを明確に記載

ションを開発して行います。

・タブレット端末を使うことができると、店内やレジ回りのスペース、あるいは配達先などの屋外でも利用しやすく、さらに低コストで提供できるようになるため、今までより幅広い飲食店やサービス業などにサービスを拡大できます。

・その結果、より対象顧客が広がり、当社の付加価値、収益基盤の更なる強化に貢献します。

【新サービスの内容】

・タブレット端末に接続したICカードリーダーで、パスモ、スイカなどの非接触ICカードのカード固有製造番号を読み取り、インターネットを介してサーバーと瞬時にやりとりし、ポイントを付与したり、スタンプラリーを可能にしたりするものです（カードへの書込みなし）。

・タブレットを端末として利用できることで、画面の設計によってサービスの選択、登録がタブレット端末上で行うことができるようになり、カードサービスの幅が大きく広がります。

（従来の専用端末では、画面にあらかじめ作成した文字・映像を表示するだけでした）

サービスの種類	内容（いずれもPASMO、スイカなど自分の手持ちカードですぐでき
スタンプラリー	駅 … 設置した端末にタッチ し … などに応じてクーポン や … 可能。
ポイントサービス	来 … ど
クーポンサービス	ラ … 発行される（小型プリ ン
福引サービス	1回タッチで1回の抽選ができる。 自分でストップなども可能。

Point

事業化後のサービスについて、複数のパターンを記載することで、対象事業の効果による市場の広がりを示した

【サービスの新規性・独創性（類似サービスとの違い）】

・事前登録が不要、匿名性確保のまま、手持ちICカードを使ったポイントサービス、スタンプラリー、クーポン発行が受けられる既存サービスの独創性がタブレット端末の利用でさらに拡充。

・既存のカードサービスは、専用のプラスチック磁気カード、PETカード（全面磁気又はサーマルカード）を用いるものが大半ですが、当社サービスは発行済の手持ちの非接触ICカードを利用。

・専用カードを新たに発行せずに手持ちの発行済ICカードを使用して行うカードサービス

はほとんどなく、タッチ履歴をカード番号とサーバー側で管理する方式も独自特許だからできる技術。

・サーバー側とインターネットを介して瞬時にデータ（カード番号等の小パケット）をやりとりする技術により、特定のカードがいつどこの端末にタッチしたかをサーバー側で記録、記録参照します。

【新サービスの優位性・メリット（既存サービスに対する優位性）】

・市販のタブレット端末を 加え、専用端末設置のコストが不要となり低 30千円/月 → 新サービス２千円/月～）。

・端末のハードトラブル、 に専念できる。

・タブレットを端末にする 能で多彩なサービスが可能（１台の端末で

Point

既存事業＝既存サービスと比較して、優位性がある点を具体的に列挙

【新サービス開発のきっかけ】

・○○電鉄、□□□□など い簡便で低料金のサービスはできないか、

・そこで、従来の鉄道事業 ービスに加えて、タブレット端末を活用す ざすことにしました。

Point

今回の対象事業＝「新サービス」がもともと既存顧客からの要望がきっかけであることを示し、ニーズの存在をアピール

〈新サービスのイ

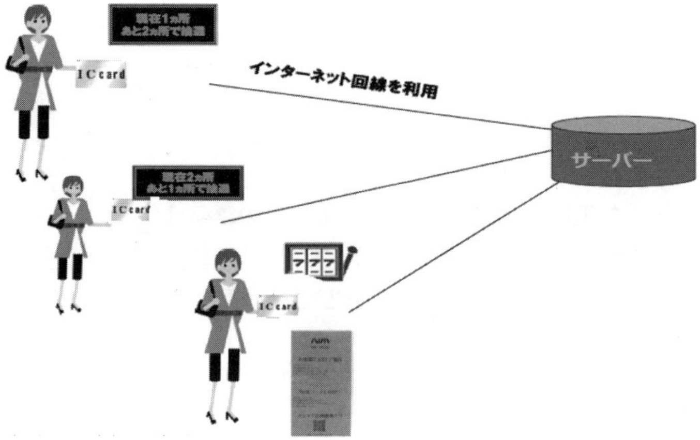

【開発実施内容及び開発体制】

・既存の当社社員が担当し、代表者による監督のもとに補助対象期間通じて１名の担当者を投入してサービス開発を行います。当社はシステムの企画・設計・監理、テストを行います。

・アプリケーションプログラムの開発は、一部協力会社に発注して行う予定です。

〈開発管理者/担当者〉

	氏名・年齢	当社在籍	担当業務
管理者	○○○○（49歳）	20XX/6 設立	20XX年　当社代取、経営全般・システム管理
担当者	○○○○（48歳）	20XX/3 入社	システム運用、システム企画開発

〈開発フェーズ・期間〉

分　担	フェーズ	内　容	時　期
自　　社			月
協力会社			

Point

開発の具体的なフェーズ、内容、期間についての詳細な計画を記載し、補助事業で行うソフト開発を明確にした

〈開発内容〉

端末（タブレット）側システム	サーバー側システム
・ユーザインタフェース ・基本アプリケーション ・周辺機器制御アプリケーション（プリンタ、カードリーダー） ・サーバーからの遠隔監視アプリケーション ・コンテンツ更新用アプリケーション ・ハード規格選定、通信環境規制確認	・端末のアプリケーションサーバー開発 ・データベースサーバー開発 ・監視制御用サーバーの設定 ・管理画面設計開発（ログ収集・集計） ・監視用画面の設計開発（端末の稼働管理） ・コンテンツ管理用インタフェース（メッセージ他） ・トラブル回避用プログラム開発

【市場ニーズ】

・他にない付加価値の高いポイントやスタンプラリーの新サービスとして、カードサービス運営者にとって、顧客確保の有力なツールとしての導入ニーズが十分見込めると考えられます。

・飲食店、小売物販店などのレジ清算の際には簡単なわかりやすい操作は不可欠です。

・個別店舗にとっては、専用端末を設置しなくてもサービスが可能で、場所をとらず、コンパクトな端末が有効。同時に月額料金2000円程度なら、負担少なく加盟しやすい。
・消費者が手持ちのスイカ、パスモなどの発行済カードを利用するため、会員カード発行も不要。
・後日、会員が自分で属性データを入力することも可能で、ポイントの交換、クーポン入手の際などに登録してもらうことで、顧客属性データの入手も可能。
・既に既存顧客からの引合いもあることから、ニーズは確実に存在するものと確信しています。

【ターゲット】
・既存取引先と同業種だけでなく、ポイントサービス導入のニーズは強く、小売・飲食・サービスチェーンのほとんどが対象になると考えています。また、タブレットは小型で移動携帯可能なため、配達サービスを行う業種でもサービスが可能で、ニーズに対応できます。

鉄道事業者	沿線の駅周辺の街中の店舗との沿線共通ポイントサービス 低料金の新サービスで小規模な店舗も低料金で参加でき、加盟店舗の拡大に有効。登録で電車の乗車履歴との連携も可能。
飲食チ	付与
商業施	ビス
小売チェーン	買い物ポイント、来店ポイントサービスがレジや店頭で簡単にできる。カード発行が不要なので手間や顧客の負担も少なく、参加へのハードルが低い。

Point

対象事業の顧客ターゲット候補を業種別に記載
それぞれどのようなニーズが想定されるか具体的に記載

その2：将来の展望

【営業・販売体制】
・鉄道事業者など引合いのある顧客へのアプローチは、担当営業および技術者が行います。(既存サービスの専用端末も駅や商業施設のオープンスペースには必要で、新サービスへの切替ではなく、新サービスが追加になり、共存します)
・その後新規顧客へもアプローチを図ります。具体的に、既存顧客業種分野以外に飲食・小売・サービスチェーン、運送（配達）サービスにもターゲットを向け、販促活動を実施します。
・地元で交流のある○○○○商店街、街づくり団体にもアプローチが可能です。

【事業化スケジュール】

・補助事業期間内にタブ……す（20X2/6月）。

・その後、20X2年７月……ーチから開始し、その後、新規先開拓＝飲食……広大していく予定です。

・その結果、1件あたりネ……ニング費用40～100万円/月（端末20～5(……注により、当社全体の付加価値、経常利益向上に貢献する計画です（別紙業績計画ご参照）。

Point
事業化後の受注・売上計画の根拠を具体的に記載
「事業計画（会社全体の業績計画数値）」との整合性も確保

【現時点での受注見込・候補先】

・下記のお客様（既存/新規）から、低コスト・簡便なタブレット端末を利用できるサービスへの引合いがあり、検討を開始しています。

見込先	サービス	サービス内容
□□□□	ネットワークポイント	書店共通ポイントサービス導入（当初
○○電鉄		沿線共 駅と地
××市商工会	○○ポイントのリニューアル	ポイント サービス、セール中の福引、スタンプラリー等を新サービスに移行

Point
顧客ターゲット候補のうち、既に具体的な引合いがある顧客について、社名を明示して具体的に記載

【経営資源の蓄積】

・今回の新サービス開発に……プリケーションは、顧客企業への導入時にはオプ……って対応し、クラウドサービスによって提供し……営資源として蓄積・活用いたします。

・制作したアプリは営業販……ションにも活用します。

以上

Point
「審査項目」をそのまま見出しとして記載

Ⅲ C社（印刷業）の事例

(1) 会社および補助事業の概要

【会社概要】

事業内容：印刷業（技術系文書制作、部品カタログ、操作マニュアル）

【事業計画名】

3Dデータを用いた高品質のカタログ、マニュアル画像制作サービス

【事業計画の概要】

顧客から提供を受けた3DCADデータをもとにモデリングやレンダリングを活用して3DCGアニメやVRデータなどの技術マニュアル、パーツカタログ、プロモーション向け3DCG画像を制作・提供するサービス。

(2) 採択評価および記載のポイント

- 印刷業から脱却し、高付加価値化へ向けた専門性の高い技術系文書制作強化の一環である対象事業の背景、技術系文書制作に対する強みなどを記載した。
- まだ普及していない3DCADデータをもとにした技術文書向け3DCG画像制作の事業化に一早く取り組む点で革新性が評価されたものと考えられる。
- 対象事業で導入するハード、ソフトの設備投資内容を、開発の実施内容、実施体制と結び付けて具体的に記載し、設備投資の必要性を強調した。
- 対象事業に対するニーズが十分あることを示すため、対象事業へ取り組むきっかけとなった既存取引先からの引合いをはじめ、3D画像を用いたわかりやすい技術文書への顧客ニーズの内容を具体的に記載した。
- 事業化へ向けた具体的なターゲット顧客を既存取引先、新規先それぞれについて業種別に計画し、さらに具体的な営業体制とスケジュール、販売計画をわかりやすく図表で示した。

(3) C社の事業計画書（抜粋）

C社事業計画書（抜粋）

5. 事業の具体的な内容

その1 具体的な取組内容

【既存事業について】

・当社は創業××年、　本とする印刷業です。

・特に機械類などの操　ツカタログなどの製作を得意としており、　をはかってきました。

〈主要取引先〉

○○○○、○○○○

(機械メーカー系経常取引先約10社、印刷マニュアル系取引先約10社、その他約30社)

Point

既存事業の実績として製品内容、主要取引先名を記載し、経営基盤が確立している点をアピール

【新サービスの狙い】

・今回チャレンジする　から技術系コンテンツ制作業への転換をさ

・お客様の製品や部品　アニメーションやVR映像（バーチャルリ　ない新しいサービスで独自の価値を提供し　ルメーカー、建築・不動産業など他業種の　さらなる強化に取り組みます。

Point

印刷業からの脱却と高付加価値化への取組みの一環である対象事業の背景を記載し、目的が明確な点を強調

【新サービスの内容】

・当社からの提案およびお客様からの受注に基づいて、製品・部品の3Dデータを預かり、そのデータをもとに　術を活用し、実写に近いクオリティのアニ　象などを作成し、製品カタログ・パーツカ　サービス。

（※）取扱説明書、オペ　ュアルなど

・お客様の目的によっ　製品デモ用映像としてプロモーションに

・製品のエンドユーザーやメンテナンス部門にとって、単純な立体図よりも動きや透視の表現も可能な3D映像が格段にわかりやすく、理解しやすいメリットがあります。

Point

顧客・ユーザーのメリットを中心に、対象事業の革新的サービス内容を記載

【新サービスの新規性】

・3DCG画像やCGアニ　…　既に存在していますが、
娯楽・エンタテインメ　…　系のCM映像制作会
社などが大半です。
・当社のような、主な顧　…　ツを制作する企業は
非常に少なく、今回の　…　カタログ、マニュア
ル画像などを制作する

Point
対象事業である3DCG画像の技術文書制作への導入がまだ普及していない点で革新性をアピール

【新サービスの優位性】

・もともと印刷業として、紙媒体のマニュアル、パンフレット類やその他技術文書制作のためのコンテンツ制作やグラフィックデザイン関係は得意とするところです。
・また、部品の設計図面など技術系資料の扱いにも永年携わっていることから、図面からわかりやすい画像、映像化するノウハウには蓄積があり、その点がクオリティの高いコンテンツ制作が可能な強みと自負しています。
・具体的には、可動部分の動きや機構内部の透視画像なども図面をもとに今までは手作業で制作していたものが、システムの構築で半自動的に迅速に制作・提供できるようになります。

【新サービスのきっかけ】

・ある建設機械メーカ　…　りやすく説明する3D
アニメーションの製　…　きっかけです。
・お客様の保有する部　…　ンテンツ制作ができ
ると考え、潜在的な　…　することにしました。

Point
今回の対象事業＝「新サービス」がもともと既存顧客からの問合せがきっかけであることを記載し、ニーズの存在を示唆

〈3D画像サンプル

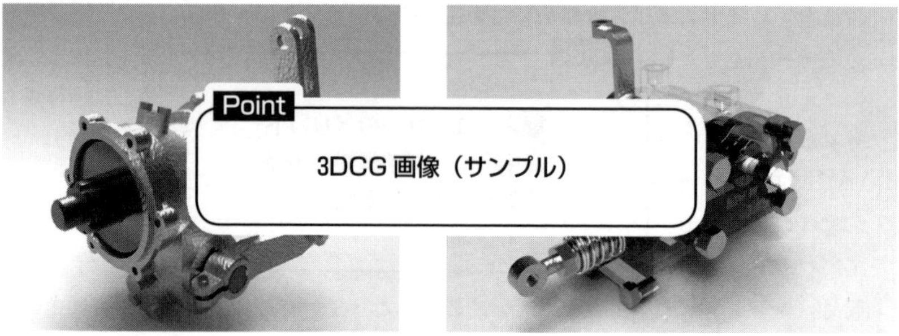

Point
3DCG画像（サンプル）

【設備投資内容】

・今回の新サービスを開発するにあたり、3Dのデータ処理や画像制作のためのの高機能の